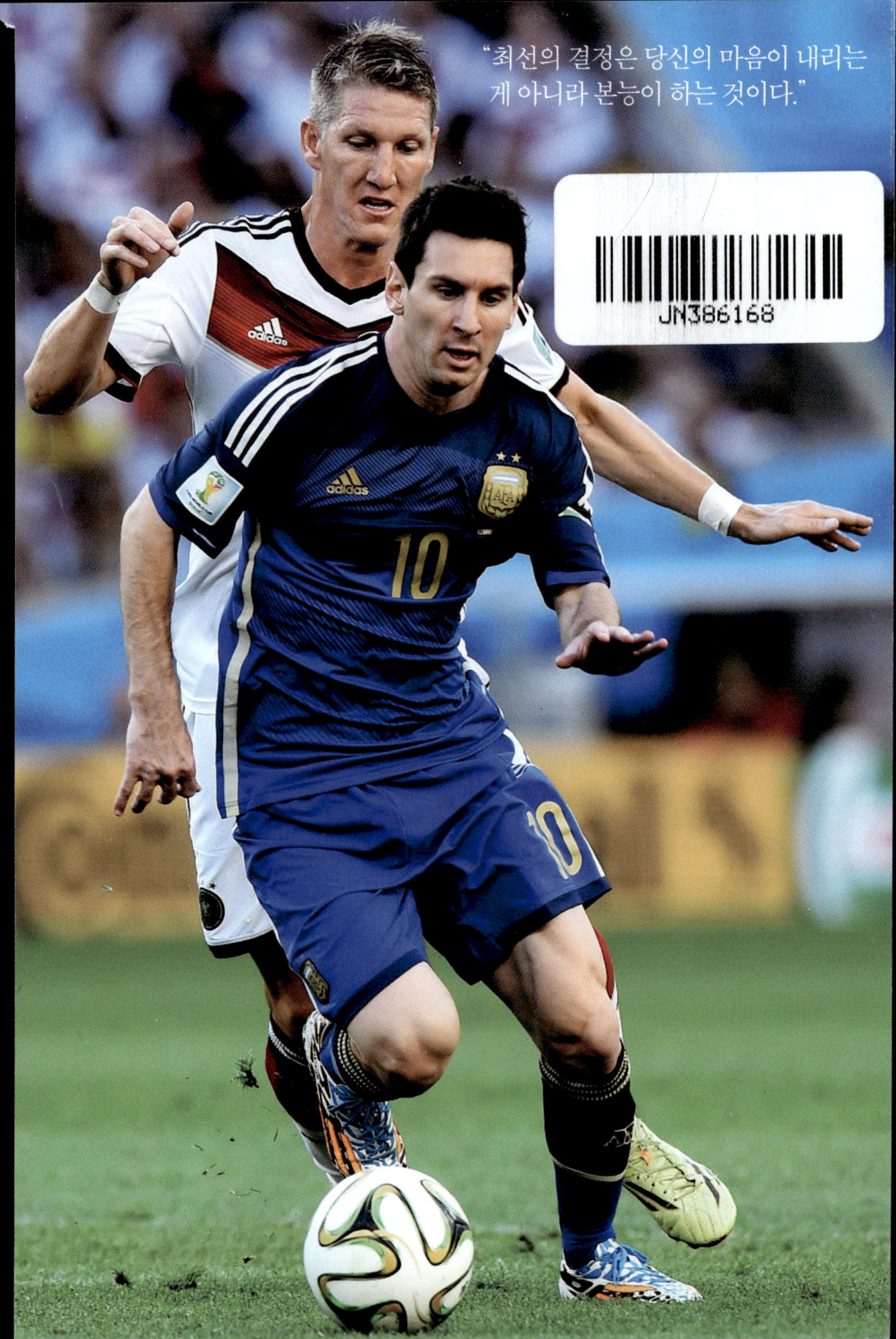

"최선의 결정은 당신의 마음이 내리는 게 아니라 본능이 하는 것이다."

"나는 팀과 팬, 그리고 나를 위해 모든 경기를 똑같이 뛴다."

"반드시 타야 할 기차는 단 한 번밖에 오지 않는다."

LIONEL MESSI
메시 소년에서 전설로

레오나르도 파치오 지음 | 고인경 · 편집부 옮김

GRI.JOA FC

Part 1
일상

오후를 즐겁게 보내는 법 006

내성적인 아이 014

소꿉친구가 반려자로 019

가족에게 축구란? 026

할머니에게 바치는 골 031

비즈니스 논리 035

Part 2
바르셀로나 적응기

부상과 과로의 나날 044

사생활 050

필드 밖의 메시 054

바르셀로나에 적응하지 못했던 식구들 059

호나우지뉴와 데뷔골 066

아주 긴 수면시간 070

힘든 것은 사람들의 시선 074

눈에 띄지 않는 소년 080

의욕이 없는 소년 088

변함 없는 마음가짐 094

아르헨티나 대표가 되기까지 099

메시의 대역 107

메시의 후계자 찾기 112

늘 이기려는 욕망 119
에이전트와 결별하다 127

Part 3
명성을 떨치다

발롱도르 시상식 136
바람둥이보다 바보 142
끊어지지 않는 우정 146
고향에서 열린 경기 151
만날 수 없는 손자 156
이웃집 여자아이 162
할머니 묘를 찾아서 167
명성의 대가 173
형제의 고뇌 181
판타지 스토리 189

Part 4
메시를 둘러싼 사건

혐의 196
메시의 위기 200
슈퍼스타의 발언 207
좌절 221
부활 226

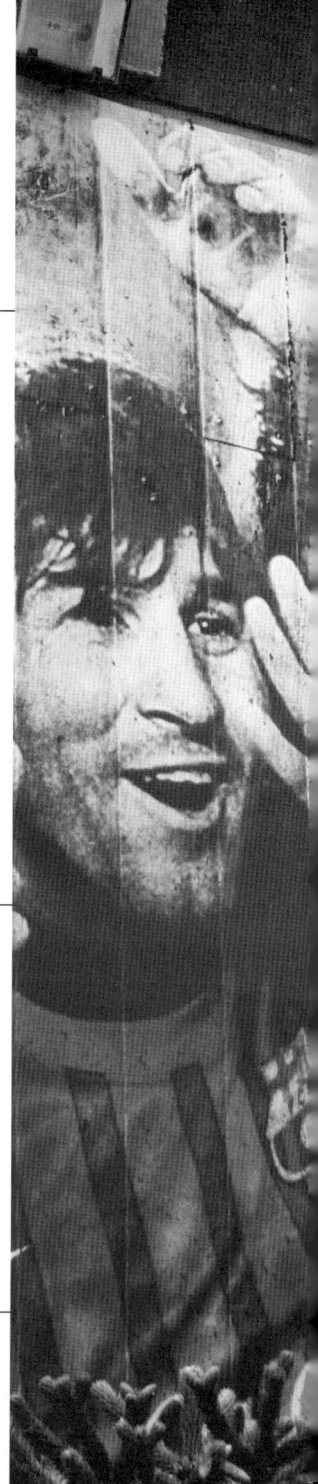

"성장호르몬 이상은 나에게 많은 슬픔을 안겨주었지만,
그것이 세상이 나를 조명하는 이유가 되었다."

Part 1

일상

오후를 즐겁게
보내는 법

　리오넬 메시는 디즈니월드에서 휴가를 보내고 막 돌아온 참이었다. 휴가 기간 중의 운동선수들에게서는 선수다운 모습을 찾아보기 힘든데, 샌들을 끌면서 나타난 메시 역시도 그 예에서 벗어나지 않았다. 아르헨티나나 카리브 해에서 남은 휴가를 보낼 수도 있었지만, 메시는 연습을 재개하기 위해 일찍 바르셀로나로 돌아왔다.

　그가 휴가를 지루해하는 것은 이번이 처음은 아니다. 바르셀로나의 주택가로부터 떨어진 골짜기에 자리 잡은 FC바르셀로나의 훈련장 '시우다드 데포르티바(스포츠 시티)'에서 메시는 아무도 없는 그라운드에 홀로 앉아 있다. 시멘트와 유리가 어지간히 쓰인 이 육성기관에서 감독들은 재능 있는 선수를 정확하기 이를 데 없는 축구 기계로 만들었다. 메시도 이 시우다드 데포르티바라는 이름의 인큐베이터에서 자란 선수 중 한 명이다. 오늘 오후, 그는 15분 동안의 인터뷰에 응해주었다. 기분이 좋은 것 같다.

FC바르셀로나의 미국 투어를 끝낸 뒤, 그는 부모, 형제, 숙부, 사촌, 조카 그리고 여자친구와 함께 디즈니월드에 들렀다. 미키마우스는 이 놀이공원의 홍보 모델로 메시가 적임이라고 생각한 듯, 메시와 그 가족이 홍보용 사진촬영에 응해주는 대신, 모든 시설을 마음대로 이용할 수 있게 했다. 지금도 유튜브에 접속하면 디즈니의 환상적인 건물 앞에서 메시가 웃는 얼굴로 공을 리프팅 하는 모습을 볼 수 있다.

"최고로 즐거웠어요."

CF에 나오는 모습보다 고양된 얼굴로 메시는 말했다.

"드디어 디즈니에 갈 수 있었으니까요."

"디즈니의 어디가 제일 마음에 들었나요?"

"물놀이, 놀이동산, 놀이기구, 전부 다요. 여동생과 사촌을 위해서 간 거지만, 저도 어렸을 때부터 가고 싶었어요."

"당신에게 꿈이었군요?"

"그런 셈이죠. 열다섯 살 이하 애들은 다 그렇지 않을까요. 뭐, 더 나이를 먹어도 똑같겠지만."

훈련장에서 메시는 나와 얘기할 때마다 잠깐씩 주저했다. 그 모습은 자신의 말이 상대에게 잘 전달되는지 확인하는 것처럼 보이기도 하고 얘기를 계속 해도 되는지 묻고 있는 것처럼 보이기도 했다.

메시는 어린 시절, 성장호르몬 결핍증을 앓았다. 그래서 그의 축구는 더 주목을 받았다. 실제로 가까이서 본 메시는 스포츠 선수 특유의 모순된 모습이 공존했다. 깊이 파고드는 질문도 거부하지 않는 편안한 눈과 금방이라도 파열할 것 같은 다리 근육이 공존하고 있었다. 그는 어린 눈매를 가진 전사였다. 슈퍼맨을 인터뷰하는 마음으로 왔던 나는 덜렁대면서도 섬세한 디즈니 캐릭터와 이야기하는 느낌을 받았다.

"디즈니 캐릭터 중 누구를 좋아해요?"

"특별히 좋아하는 캐릭터는 없어요. 어릴 때부터 만화영화를 잘 안 봤고……"

메시는 웃으며 말했다.

"곧바로 여기에 축구 하러 왔으니까요."

"축구"라는 단어를 말할 때, 메시는 얼굴에서 웃음기가 사라졌고, 마치 PK를 찰 때처럼 진지한 표정을 지었다. 텔레비전에서 자주 보던, 그런 진지한 눈빛이었다. 경기 중의 메시는 좀처럼 웃지 않는다.

축구는 규모가 큰 비즈니스다. GDP(국내총생산)가 축구 산업의 매출을 넘는 나라는 전 세계에 겨우 25개국뿐이다. 메시는 가장 높은 인기를 구가하는, 축구라는 스포츠의 주역이다. 디즈니월드에 갔다 오고 나서 몇 달 사이, 그는 동세대의 선수들을 크게 앞서는 위업을 달성했다.

메시는 FC바르셀로나에서 여섯 대회 연속 우승을 이루었고, UEFA챔피언스리그 득점왕에 올랐으며 발롱도르까지 받았다. 구단 역사상 최연소로 통산 100골을 넣은 그는 프로축구 선수로서 최고 연봉인 1,050만 유로를 벌어들였다. 이 금액은 FC바르셀로나에서 뛰던 마라도나의 연봉을 약 10배 이상 웃도는 것이었다. 메시는 내일 모나코 공국으로 날아가서 이탈리아제 맞춤양복을 입고 UEFA 올해의 선수상 트로피를 받는다.

하지만 오늘 그는 앞머리를 가운데로 가르고, 개구쟁이 같은 웃음을 띠고 있었다. 야광 녹색 바르셀로나 티셔츠를 연습용 반바지 밖으로 뺀 채였다. 축구라는 룰렛을 신나게 돌리는 주인공인데도 오늘의 옷차림은 마치 쇼를 보러온 개구쟁이 소년 같았다.

디즈니월드에서 리프팅을 보여준 뒤, 아직 휴가가 몇 주 남아있었던 메시는 자신이 태어나고 자란 고향 마을을 방문하기로 했다. 부에노스아이레스 북쪽에 있는 산타페 주 로사리오는 아르헨티나 제3의 도시이며 체 게바라의 고향이기도 하다. 메시는 이 로사리오에서 소년 시절의 친구와 만나거나 라스에라스에 있는 집에 머물며 지냈다. 하지만 휴가가 끝나기 1주일 전에 그는 짐을 싸서 바르셀로나로 돌아왔다. 언제나처럼 복서견 파차의 마중을 받았다.

그와 같이 사는 가족은 이 반려견뿐이지만, 어머니와 아버지, 여동생이 와서 함께 지낼 때도 있다. 많지 않은 휴가를 다 쓰지 않고 돌아온 것을 의아해하는 언론에 메시는 훈련을 통해 컨디션을 끌어올리기 위해서라고 말했다.

당시 메시는 마라도나 감독이 이끄는 아르헨티나 대표팀의 일원으로 남아공 월드컵 예선에 참가하고 있었다. 그는 자신이 처음으로 등번호 10번을 달고 월드컵에 나갈 것을 알고 있었다.

다만, 바르셀로나의 일상으로 돌아가고 싶다는 이유뿐 아니라 로사리오에서 지내는 데 싫증을 느낀 것도 일찍 돌아온 이유였다.

"로사리오에 가는 것은 아주 좋아해요. 집도 있고 친구들도 있으니까요. 하지만 아무것도 안 하고 있으면 지루해요."

메시는 어깨를 움츠려 보였다.

"하루 종일 널브러져 지냈더니 지겨워졌어요."

"TV를 보거나 하진 않나요?"

"「로스트」나 「프리즌 브레이크」를 보기 시작했는데, 결국 지루해져서……"

"왜 보다 말았나요?"

"새로운 사건이나 스토리가 이어져서 피곤해요. 게다가 늘 누가 스포일러를 말해버려서요."

메시는 미국 드라마 「로스트」가 따분했다.

메시는 왼손잡이면서 오른쪽 다리를 좋아하는 것처럼 보였다. 마치 자리 잡게 하려는 듯이 가끔 오른 다리를 부드럽게 쓰다듬었기 때문이다. 하지만 그가 만지고 있는 것이 오른쪽 다리가 아니라 주머니 속에 있는 블랙베리 폰이라는 것을 깨달았다.

월등한 실력을 갖춘 축구선수들도 아주 평범한 버릇을 가지고 있고, 그것이 그들의 천재성을 어느 정도 희석시키기도 한다. 예를 들어 요한 크루이프는 운동장에 나서기 직전에 대기실에서 담배를 피운다는 소문이 있었다. 마라도나는 끈이 풀린 스파이크를 신고 연습했는데, 만일 규정에 어긋나지 않았다면 그 상태로 공식 경기에 나갔을 것이라고 말했다. 밤새 놀기 좋아하는 호마리우는 삼바를 추는 것이 리그 득점왕이 되는 지름길이라고 했다.

성공을 거머쥔 축구선수들은 대부분 노후를 대비하기보다 새 스포츠카나 화려한 옷, 시계 등, 부를 과시할 수 있는 물건을 사 모으는 데 열중한다. 호나우지뉴는 바르셀로나의 고급주택가(카스텔데페스)에 있는 집을 빌렸지만, 메시는 그곳에서 세 블록 떨어진 곳의 주택을 임대가 아닌 구입을 했다. 지중해를 바라보는 언덕 위에 있는 2층 집이다.

텔레비전의 풍자만화에서는 금색 롤렉스 시계와 커다란 구찌 선글라스를 착용하고 금발의 모델과 팔짱을 낀 메시가 등장한다. 하지만 실제로 그가 좋아하는 것은 최신 유행 향수다. 그의 가족은 메시가 향수를 선물 받으면 만면의 미소를 띠운다는 것을 안다.

"연습이 끝나면 보통 뭐하고 지내요?"

나는 물었다.

"낮잠을 좋아해요. 밤에는…… 음, 형 집에 가서 저녁 식사를 하러 가는 정도."

이 인터뷰를 하느라 리오넬 메시는 소년 시절부터 해오던 낮잠 의식을 치르지 못했다. 팀 훈련과 식사를 마친 매일 그 시간에 그는 2~3시간 낮잠에 빠진다. 올림픽에서 우승한 수영선수 마이클 펠프스의 코치도 펠프스가 훈련으로 소모된 체력을 회복하기 위해 매일 3시간 낮잠을 잤다고 했다. 메시가 그 일과를 거르는 일은 거의 없다. 다만, 낮잠의 역할은 조금씩 바뀌고 있었다. 그의 어린 시절, 낮잠은 투약과 같은 효과로 그의 세포재생에 도움을 주었다. 메시는 성장하기 위해서 잠을 잤던 것이다.

지금은 다른 이유로 낮잠을 자고 있다고 했다. 메시는 항상 자기 방에 있는 더블 사이즈 침대가 아닌, 거실 소파에서 옷을 입은 채로 드러눕는다. 싱크대에서 누가 그릇을 씻는 소리나 문을 닫는 소리가 나도 전혀 개의치 않는다. 다 큰 메시는 이제 성장을 위해서가 아니라 펠프스나 다른 축구선수처럼 체력회복을 위해 낮잠을 잔다. 하지만 진짜 이유는 자는 일 이외에 하고 싶은 일이 없기 때문일 것이다. 온갖 오락거리를 돈으로 살 수 있지만, 그는 금방 싫증낸다. 긴 휴가도 메시에게는 지루하다. 그렇게 보면 낮잠은 좋은 해결책이다. 자고 있을 때 지루해하는 사람은 없을 테니까.

천재들의 신비한 부분을 밝히려는 시도는 끊이지 않는다. 동경하는 영웅을 보려고 팬들이 정신없이 몰려드는 가운데, 기자들은 사적인 질문을 연이어 쏟아냈다.

"비디오 게임 중독이란 얘기는 사실인가요?"

카탈루냐 신문의 기자가 메시에게 물었다.

"옛날에는 꽤 빠졌지만, 지금은 거의 안 해요."

"TV로도 축구를 보나요?"

엘 파이스 지의 기자가 질문했다.

"아뇨, 축구는 안 봐요. 보는 것보다 뛰는 게 좋아요."

나와 단독 인터뷰를 하기 전에도 수백 명의 기자가 메시와 인터뷰하기를 열망했다. 예전에는 메시를 인터뷰하기 위해서 생명의 위협까지 감수한 사람도 있었는데, 메시는 그걸 알지 못했던 것 같다. 어느 날 밤, 살해 협박을 받은 한 남성이 캄노우 경기장의 대기실로 향하는 터널 안에서 코파델레이(스페인 국왕컵) 경기를 끝내고 나오는 메시를 기다리고 있었다. 이탈리아인 작가 로베르토 사비아노였다.

그는 살해당할 수도 있는 위험을 감수하고 메시를 만나러 갔다. 그의 저서 『고모라』에서 나폴리 마피아의 이면을 파헤친 탓에 사비아노는 어딜 가든 10명 이상의 경호원에게 24시간 경호를 받았다. 이날 밤도 그는 저격수가 저격할 수 없는 곳을 찾아 서야 했다. 사비아노는 메시에게 악수와 사인을 요청한 뒤, 몇 가지 질문을 하고 싶어 했다. 원래는 단둘이 만나고 싶었지만, 경호원들이 허용하지 않았다. 경호 원칙에 위배된다는 이유였지만, 사실은 그들도 메시를 만나고 싶어서 안달이었기 때문이다.

메시와 직접 만날 기회는 거의 없다. 나 역시 단 15분의 인터뷰를 위해 9개월을 기다렸으니까. 생명의 위협을 감수하고 찾아온 사비아노에게 메시는 자신이 나폴리(사비아노의 고향)에 간다면 고향처럼 느낄 것 같다고 말했다. 그가 사비아노에게 건넨 말은 고작 스무 마디 정도였다.

디즈니에서 보낸 휴가 이야기를 끝내자 메시는 훈련장 한구석에서 무성영화 배우처럼 눈썹을 구부리고 다음 질문을 기다렸다. 차례로 표정을 바꾸는 그는 마치 팬터마임 배우 같았다.

경기장에서 뛰는 메시는 긴장감이 넘치는, 축구 게임 위닝일레븐에 나오는 선수를 연상시킨다. 그러나 리오넬 메시에겐 더 일상적인 비유가 어울릴 것 같다. 수백만 명을 열광시키는, 이 청년에게 오후를 가장 즐겁게 보내는 방법은 낮잠이다.

내성적인
아이

 원래 리오넬 메시는 모르는 사람과는 축구 이외의 이야기를 안 한다. 단, 음식 배달을 시킬 때는 예외다. 유명한 고객, 메시의 집 앞에 고깃집의 배달 트럭이 멈춰 섰다. 차에서 내린 배달원은 나에게 정면 담에 감시카메라가 설치되어있다고 관광안내원처럼 설명했다. 시각은 오후 3시. '라 풀가'(La pulga-벼룩. 메시의 별명)는 낮잠을 자는 중일지도 모른다. 지중해를 바라보는, 이 고불고불 고부라진 카스텔페데스의 비탈길을 구태여 올라오는 사람은 없지만, 메시로부터 아사도(asado-아르헨티나 소고기 요리)를 먹고 싶다는 연락을 받은 고깃집 직원은 스테이크와 내장, 초리소(chorizo-돼지고기 소시지) 등을 배달하러 이곳에 왔다.
 주위 사람들로부터 '엘 가예고'(갈리시아인)라는 애칭으로 불리는 이 아르헨티나인 배달원은 내 안내원이 되어주었다. 그가 일하고 있는 곳은 숯불구이 아사도 레스토랑 '라 팜파'이며, 아르헨티나산 소고기의 배달도 하고 있다. 언덕 위 좁은 길의 막다른 곳에 들어선 메시의 집은 주위가 솔숲으로 뒤덮여 있다. 이곳은 대중교통수단이 없기 때문에 조용히 지내기에는 안성맞춤인 곳이다.

메시와 직접 이야기할 수 있는 사람은 감독, 부모 그리고 고깃집 직원 밖에 없다. 때로는 감독조차도 메시와 이야기하기 어렵다. 아르헨티나 대표팀 감독을 맡았던 마라도나는, 메시와 전화 통화하기란 신과 대화하기보다 어렵다고 불평했다.

탐정처럼 메시를 추적했더니 두 종류의 정보제공자를 만날 수 있었다. 메시와 만난 것을 자랑스럽게 이야기하는 사람들, 그리고 유명해지기 전의 메시를 아는 사람들이었다.

교사 모니카 도미나는 라스에라스 초등학교에서 1학년부터 4학년까지 메시가 있던 반을 담당했다. 어느 날 밤 나는 메시가 제일 앞자리에 앉았던 시절의 이야기를 전화로 물었다.

"선생님이 메시에게 읽고 쓰기를 가르치셨나요?"

"네. 하지만 메시는 학교를 아주 싫어했어요. 그 애는 억지로 다녔지요."

도미나의 목소리에서 교사 특유의 모성애와 엄격함이 느껴졌다.

"메시는 너무나 내성적이었거든요." 하고 도미나가 말했다.

"그 애하고 얘기하는 건 꽤나 힘든 일이었답니다."

"어떻게 메시와 이야기하셨나요?"

"메시와 친한 여자아이가 뒤에 앉았는데, 걔가 메시 말을 전해주었죠."

"그의 통역 같은 존재였군요?"

"맞아요. 그 여자애는 메시를 위해서 쉬는 시간에 간식까지 사다 주곤 했어요. 마치 어린아이의 엄마처럼 행동했죠. 메시도 그 애한테 다 맡겼어요."

다른 아이들이 이것저것 질문하고 싶었을 시기에 리오넬 메시는 6살짜리 복화술사를 통해 선생님에게 의사를 전달한 것이다. 지도자와 제네럴 매니저로 유명한 전 아르헨티나 대표 호르헤 발다노는 "메시는 아직 자신의 위력을 깨닫지 못한 것 같다"고 말한 적이 있다.

"저만한 명성을 얻었으면서 자기 모습을 잃지 않았다는 건, 천재나 자폐증 환자 아니면 불가능하다."

리오넬 메시는 비누방울 안에서 살고 있다는 비판을 받은 적도 있다.

"그는 전문가의 도움이 필요했나요?"

"저는 그 애 어머니한테 심리상담사에게 데려가 보라고 권했어요. 메시는 수줍음을 극복하고 자부심을 높일 필요가 있었죠. 그 애한텐 그것이 부족했어요."

자부심이 높은 사람은 메시 집에 드나드는 고깃집 배달원이다. 그가 일하는 레스토랑에서는 메시라는 VIP 단골고객을 가게 홍보에 활용했다.

이 고풍스런 가게로 메시의 팬들이 찾아오면 지배인이 안내한다. 벽에는 말 사진이 장식되어 있고, 웨이터는 가우초(남미의 카우보이) 복장이었으며, 입구에는 소 모양의 간판이 걸려 있었다. 메시 집에서 차로 5분 거리에 있는 '라 팜파'는 와인을 넉넉하게 갖춘 실외형 레스토랑이다. 일요일 낮이 되면 늘 "메시가 자주 찾는 음식을 먹을 수 있는 곳이 여기인가요?" 하고 사람이 찾아온다.

"그가 나폴리식 밀라네사(소고기 커틀릿)를 자주 주문한다는 게 사실인가요?"

나는 질문했다.

"다른 데는 몰라도 이 가게에서는 아니에요."

지배인은 신중히 대답했다.

"메시는 늘 아사도를 먹어요."

아마 운동장 밖에서 메시가 고민하는 일은 이런 것이다. 즉, 아사도와 나폴리식 밀라네사 중 뭘 먹을 것인가. 심리분석 전문가라도 메시의 자부심을 끌어내는 데는 애먹을 것이다. 메시가 진료소에 간다면 흔한 카우치(병원의 긴 의자)에 앉게 되겠지만, 그가 낮잠을 자는 데 애용하는 것은 카우치가 아니라 소파다.

"그래서 메시는 결국 심리상담사를 찾아갔나요?"

"그건 기억나지 않아요."

도미나는 미안해하며 말했다.

"기억나는 건 아들이 축구해서 받은 트로피를 보여주러 어머니가 늘 교실에 왔다는 것뿐이에요. 메시는 굉장히 수줍어했지만."

"메시처럼 내성적인 학생을 가르치신 적이 또 있나요?"

"아뇨. 메시는 특별한 아이였거든요. 모두 그 애와 놀고 싶어 했어요."

그렇게 답하고 도미나는 바로 덧붙였다.

"그 애는 조용한 리더였어요."

그녀는 수화기를 세게 쥐고 말하는 것 같았다.

"말이 아니라 행동으로 보여줬어요. 그런 점은 지금도 바뀌지 않은 것 같네요."

"메시의 어떤 점이 인상에 남나요?"

"그는 작고 잘 움직이는 아이였고, 늘 뭔가 숨기는 듯한 웃음을 짓고 있었어요."

"그 뒤로 메시와 만난 적이 있나요?"

"아뇨. 한 번도요."

그녀는 침묵했다.

라스에라스 초등학교에는 메시가 기부한 책상과 학습 도구, 컴퓨터 등이 놓여 있다. 어떤 의미로 그는 지금도 그곳에 계속 다니고 있는 것이다.

메시는 지금 지중해와 맞닿은 창문으로 세상을 관찰하고 있다. 담 위의 감시카메라는 그 변함없는 경치에 싫증을 내고 있었다. 만일을 대비해서 감시하고 있지만, 실제로는 아무 일도 일어나지 않았다. 저 고깃집 배달원은 어떤 비밀을 알고 있더라도 나에게 알려주려고 하지 않을 것이다. 설령 말해주더라도 그건 주인이 개에게 물고 오라고 던져주는 뼈다귀 정도일 것이다.

배달 트럭을 얻어 타고 여기에 오기 전, 레스토랑 12번 테이블에 앉은 지배인이 나를 부르더니 에피소드 하나를 들려주었다. 어느 날 밤, 메시는 FC바르셀로나가 전 선수에게 제공한 아우디Q7를 타고 한 여성과 함께 가게에 왔다. 두 사람은 아사도와 초리소, 디저트로 캐러멜 아이스크림을 주문하고 테이블에 촛불을 켰다. 메시는 그 여성을 여자친구라고 소개했다.

소꿉친구가
반려자로

　내가 휴가에 관한 질문만 하자 리오넬 메시는 초조해하기 시작했다. 오른쪽 다리, 즉, 주머니의 휴대폰을 손으로 만지는 그의 눈길은 훈련장 주위에 우거진 나무들 저편으로 방황하고 있었다. 2009년 오늘, 그의 눈은 골프장에서 공의 행방을 쫓는 것처럼 왔다 갔다 했다. 하지만 신문에 실린 기사에 관해 내가 언급하자 그의 주의는 다시 본 궤도로 돌아왔다. 그건 그의 여자친구 이야기였다.

　그 사진이 촬영된 날, 시체스는 카니발이 한창일 때였다. 바르셀로나 남쪽에 있는 시체스는 카리브 해 같은 분위기와 게이 피서객들, 영화제 등으로 알려진 도시다. 그날은 봄과 같은 햇살이 내리쬐고 있었다. 사진에는 시체스에서 몇 km 떨어진 곳에 사는 메시가 그의 어깨보다 조금 큰 여성과 팔짱을 끼고 있었고, 그 옆에 안토넬라 로쿠조라는 이름이 적혀 있었다. 이탈리아의 저명한 저널리스트 안토니오 로쿠조의 미니어처 같은 이름이다.

"헌데, 그 여자친구 이야기는 사실이에요?"

나는 메시에게 물었다.

"네. 소꿉친구예요."

사탕 껍질을 까듯이 메시는 말했다.

"친구의 사촌 동생이죠."

메시에게는 친구가 있다.

가장 사이가 좋은 친구는 루카스 스카글리아다. '친구의 사촌 여동생'이라니 어떤 이탈리아 영화 제목 같다.

스카글리아에게 전화로 들은 이야기에 따르면 로사리오의 축구팀 뉴웰스올드보이스의 유소년팀에 속한 아이들은 모두, 특공대처럼 메시를 위한 플레이로 일관했다고 한다. 스카글리아는 5번 선수였고, 메시는 내성적이면서도 훌륭한 스트라이커였다. 두 사람은 초등학교에 입학했을 때 만났다. 메시는 가끔 스카글리아의 집에서 자기도 했다.

메시는 그 이야기로 감상에 빠지지는 않는다.

"그 집에서 사촌 여동생을 만났나요?"

마치 게임 위닝일레븐의 비기를 알려주려는 듯이 그는 몸을 기울였다. 그러나 실제로 그가 한 말은 전혀 다른 얘기였다.

"어렸을 적부터 자주 같이 놀다가 결국 사귀게 되었어요."

메시 가문은 시인 레오파르디의 고향이기도 한 이탈리아의 마을, 레카나티에 뿌리를 두었다. 리오넬 메시가 어렸을 때, 로사리오의 거대한 이민 사회에서 가장 비중이 높은 인종도 이탈리아인이었다. 그의 어머니 이름은 셀리아 마리아 쿠치티니이다. 사촌 형 비안쿠치, 친구 스카글리아, 애인 로쿠조. 모두 이탈리아계 성씨다. 스카글리아 집과 로쿠조 집은 사촌 사이이다. 양가의 부모들은 슈퍼마켓을 같이 운영하며 이층집에서 함께 살고 있다. 메시는 스카글리아를 만나기 위해 그 집을 방문했다. 후에 연인이 되는 소녀는 1층에 살고 있었다.

"로쿠조에게 차인 적은?"

메시에게 그렇게 물어봤다.

축구화에 심하게 차인 메시가 얼굴을 일그러뜨리는 사진과 공을 다루는 메시를 가까이서 찍은 영상은 그의 극히 일부 모습에 지나지 않는다. 축구에서는 골을 넣은 선수가 으레 우렁차게 포효하지만, 메시가 보여주는 환희의 동작은 보는 이를 편안하게 해준다. 그런 선수는 흔치 않다. 경기 후, 공을 옆구리에 끼고 운동장을 떠날 때도 흐뭇한 모습이다. 그때 메시는 사격 게임에서 인형을 맞춰 얻은, 아이 같은 표정을 하고 있다. 필드 위의 메시는 모든 억제에서 해방되어 울거나 셔츠를 올린 채 걷거나 혀를 내미는 등, 갖가지 표정을 보여준다.

로쿠조에게 차인 적이 없느냐고 내가 물었을 때도 온화한 그는 싫은 얼굴 대신, 의미가 담긴 보조개를 보였다.

"처음 만났을 때부터 서로 끌렸어요."

메시는 싱긋 웃었다.

"그 뒤로 얼마 동안 루카스와 로쿠조를 만나지 못했지만, 몇 년 뒤 재회해서 사귀기 시작했어요."

갑자기 메시는 보이지 않는 손가락이 등에 닿은 것처럼 뒤를 돌아봤다.

인터뷰가 시작되고 아직 10분밖에 되지 않았는데, 그는 벌써 출구를 찾고 있다. 마치 수면에 올라오기까지 몇 초를 세는 다이버처럼.

메시 주변에 있는 사람들의 인생은 그보다 천천히 진행되는 것처럼 보인다.

담임이었던 교사는 초등학교에서 여전히 같은 일을 하고 있다.

여자친구는 패션디자인 공부를 그만뒀다.

친구는 그리스의 판세라이코스에서 뛰고 있다.

메시의 키는 10년 동안 37cm 자랐다.

메시는 친구 집에서 잘 때, 늘 성장호르몬이 담긴 유리병을 가지고 가서 냉장고 안에 보관했다.

루카스 스카글리아는 메시가 주사를 놓고 있는 모습을 몇 번 봤다.

메시는 밤마다 주사를 놓았다.

두 다리에.

한 번씩.

혼자서.

조용히.

메시는 울지 않았다.

루카스 스카글리아는 피하주사기를 꽉 쥔 메시의 모습을 봤다. 그러나 메시는 스카글리아의 사촌 동생을 좋아한다는 말을 그에게 한 번도 하지 않았다. 스카글리아는 그리스에서 뛸 때, 그 일을 다른 이한테서 전화로 들었다. 그와 메시가 알게 된 지 벌써 십수 년이 지났다. 메시는 언론에만 말수가 적은 게 아니었다.

발다노는 이렇게 말했다.

"메시가 신문 1면을 장식하는 건, 발을 썼을 때뿐이다."

발다노는 단점으로 보도되기 쉬운 메시의 특징을 장점으로 소개했다. 메시는 생각을 감추기 위해 침묵하는 것이 아니라 더 할 말이 없어서 침묵을 지키고 있을 뿐이다.

"그래서 둘은 앞으로 어떻게 할 예정이에요? 결혼은?"

훈련장에 감도는, 탁한 여름 공기를 산들바람이 옮겼다.

"지금 이대로가 좋아요."

그는 바로 답하고 바로 설명했다.

"결혼은 아직 생각하고 있지 않아요. 마음의 준비가 되지 않았고, 하고 싶지도 않아요. 결혼하기 전에 따로 해야 할 일이 있어서요."

메시는 처음으로 장래에 관해 말했다. 그의 말은 스키장의 비탈길을 조심스럽게 미끄러지듯이 쓱 지나갔다. 그가 한 말의 톤은 소심함과 신중함의 중간이었고, TV 카메라 앞에서 리그 경기에 관해 말할 때와 비슷했다. 그러나 지금 말하고 있는 것은 골과 전술이 아니라 여자친구와 아직 확실하지 않은 결혼에 관해서였다. 스포츠 미디어는 항상 이런 그의 사생활에 관심을 쏟았다.

이때, 메시 머리 뒤에 한 손이 나타났고 메시의 러브스토리는 현실에 의해 중단되었다. 그 손은 하나, 둘, 세 손가락을 세우고 있었다. 인터뷰 시간이 곧 끝남을 알리는 바르사 홍보부장의 손이다. 이제 몇 분만 있으면 메시는 이 시멘트와 유리로 된 인큐베이터의 담 안으로 다시 사라질 것이다.

메시와 로쿠소의 러브스토리는 매우 길고 깊다. 1996년 처음 만난 그들은 2008년부터 공식 결혼식 없이 동거 생활을 이어갔다. 메시는 2009년 TV쇼에 출연해 연인 로쿠소의 존재를 알렸다. 두 사람에게는 3년이라는 공백기가 있다. 메시가 세계적인 축구 선수로 거듭나기 위해 고향을 떠나 있는 동안 로쿠조가 집 근처에 살던 남성에게 잠시 마음을 뺏겼던 것. 하지만 로쿠조의 방황은 길지 않았다. 로쿠조의 새 남자친구였던 남성이 머지않아 자동차 사고로 세상을 떠났기 때문이다. 메시는 옛 연인 로쿠조의 안타까운 사연을 듣자마자 다시 그녀에게로 향했다. 메시에겐 일편단심 로쿠조뿐이었다. 재회한 소꿉친구는 다시 사랑에 빠졌고 두 사람은 2012년 티아고, 2015년 마테오를 낳은 뒤 2017년 6월 30일. 길고 긴 연애 끝에 결혼에 골인했다. 이듬해 메시는 최근 셋째 아들을 출산해 다둥이 아빠가 됐다.

MESSI INTERVIEW

"아이들 그리고 와이프와 함께 있을 때가 가장 행복해요. 첫 아이가 태어났을 때 그것이 제 마음가짐을 바꾸었어요. 제 선수 경력에만 집중하는 걸 멈췄습니다. 저는 여전히 지거나 비기는 것을 안 좋아하지만, 삶에서 축구 이외의 다른 것들이 있음을 깨달았어요."

"저는 세 아이가 모두 축구를 하기 바라지만 강요하진 않을 겁니다. 첫째인 티아고는 축구하는 것을 정말 좋아해요. 걔는 바르셀로나가 선수 아이를 위해 세운 학교에 다니고 있어요."

"애들은 제가 골을 넣은 뒤 왜 손으로 하늘을 가리키는지 물어보지 않았어요. 그걸 어느 날 갑자기 따라 하기 시작하더군요. 제가 하는 것을 보고요."

가족에게
축구란?

  메시의 어머니 셀리아 쿠치티니는 바르셀로나에 올 때마다 아들을 위해 늘 해오던 일을 한다. 아들이 어렸을 때부터 매일 밤, 마테 코시도(우유와 설탕을 넣은 마테차)가 담긴 잔을 주고 침대에 앉아 불을 끌 때까지 아들의 머리를 쓰다듬어주었다. 재능을 타고난 아이의 어머니들은 언론과 팬 앞에서 모습을 잘 드러내지 않는다. 메시의 어머니를 찾는 일도 꽤 힘들었다. 휴대전화로 몇 번이나 연락해도 "전원이 꺼져있습니다"라는 음성이 들릴 뿐이었다.

  스페인 바르셀로나에서 아르헨티나 로사리오에 있는 메시의 어머니에게 전화를 걸려면 15자리 번호를 눌러야 한다. 나는 지겨워하면서도 그 단순한 작업을 날마다 되풀이했다. 그리고 2개월이 지난 어느 날, 드디어 여성의 목소리가 들려왔다.

  그 목소리는 다른 일에 마음을 쓰고 있는 것처럼 무뚝뚝했다. 나는 쿠치티니 부인이시냐고 물었다.

"아뇨. 전 딸이에요."

"어머님하고 이야기할 수 있을까요?"

"지금 안 계세요."

"어머님하고 연락할 수 있는 다른 전화번호가 있나요?"

"있지만, 저는 번호를 외우고 있지 않아요."

16세의 마리아 솔 메시는 내가 누구인지 밝히라는 듯이 침묵했다. 그녀는 지금 로사리오의 집에 와 있고 휴대폰이 고장 나서 어머니 것을 쓰고 있다고 했다.

파파라치가 찍은 메시 일가의 사진에서 그녀의 모습은 자주는 아니지만, 가끔 보이기도 한다. 메시가 발롱도르를 처음 받았을 때, TV 카메라는 시상식에 참석한 그녀의 모습을 몇 초 동안 비췄다. 선이 가는 그녀는 밤색 긴 머리였으며, 그 모난 얼굴은 진지한 표정을 지을 때의 오빠와 닮았지만, 다소 날카로운 인상을 준다. 어렸을 때부터 그녀의 인생은 오빠의 성공으로 뒤덮았다. 메시가 프로 선수가 되기 위해 바르셀로나로 건너갔을 때, 그녀는 막 초등학교에 입학했을 무렵이었다.

"처음엔 오빠가 TV에 나오는 게 믿을 수 없었어요." 하고 그녀가 말했다.

"하지만, 속은 하나도 안 바뀌었어요."

"축구를 자주 보시나요?"

"보지만, 엄마와 함께 보진 않아요. 아빠와 보는 게 좋아요."

"왜요?"

"아무도 엄마와 같이 보고 싶어 하지 않아요. 오빠가 나오면 텔레비전을 향해 소리 지르거나 울거든요. 아주 예민해지죠. 아빠는 차분히 봐요."

마리아 솔 메시는 다음 질문을 기다리지 않고 이렇게 말했다.

"저는 오빠와 닮았어요."

"집에 있는 걸 좋아하고 TV와 컴퓨터만 있으면 행복하니까요."

"오빠는 낮잠이 더 좋다고 말하던데요?"

"맞아요. 연습하고 돌아오면 소파에 누워서 오후 내내 거기서 자요. 그렇게 자도 밤에 바로 잠드는 거 보면 신기해요. 하지만 오빠는 그걸로 행복해해요."

"메시의 여자 친구도 메시처럼 느긋한 사람인가요?"

"아뇨. 그 언니는 계속 집에 처박혀있는 걸 싫어해요. 그래서 오빠가 자면, 저하고 둘이서 자주 외출했죠. 오빠에게 어디 같이 가자고 하면 귀찮아해서요."

메시의 여동생은 지금 집에 혼자 있는 것 같다.

같은 로사리오에 사는 아버지 호르헤 메시는 아이들의 대리인 역할을 맡고 있다. 20년 후의 메시는 이 작고 튼실한 체격의 아버지와 외모가 똑같아질 것이다. 2009년 클럽월드컵(아랍에미리트 개최)에서 바르사가 아르헨티나의 에스투디안테스를 꺾고 우승하자 관중들이 그를 메시로 착각하고 목말을 태운 적도 있다.

호르헤도 젊은 시절에는 뉴웰스에서 선수로 뛰었지만, 병역과 공부, 결혼 때문에 축구를 그만두었다. 그 뒤, 그는 제철 공장 직원으로 일했지만, 아들 덕에 축구 일을 다시 하게 되었다. 메시가 바르셀로나에서 두각을 나타내기 전부터 메시의 두 형들이 하부 리그에서 뛰었기 때문에 호르헤는 이미 축구 비즈니스에 대한 준비가 되어 있었다. 축구를 잘하는 두 아들이 이미 있었기 때문에 호르헤는 그의 아내가 셋째 아이를 임신했을 때, 여자아이가 좋다고 생각했다.

어린 리오넬 메시는 벼룩이란 애칭답게 몸놀림이 가벼웠지만, 아무리 시간이 흘러도 벼룩처럼 작았다. 프로가 되기 전 그의 노력 뒤에는 꿈이라는 원동력 이외에 치료비를 마련해야 한다는 절박한 사정이 있었다. 11살이 된 메시의 키는 고작 130cm 정도로 9살 애만큼 작았다.

의사는 메시를 처음 본 순간, 뼈 나이가 늦어지는 '성장호르몬결핍증'에 걸렸다고 확신했다. 치료를 위해서 메시는 매일 일정량의 소마토트로핀 주사를 맞아야 했다. 한 달에 1,000달러가 들어가는 치료비는 당시 아버지가 받던 월급의 절반에 해당했다. 이리하여 축구는 단순한 게임이 아니라 표류 속에서 살아남기 위한 뗏목이 되었다.

마리아 솔 메시가 사춘기를 맞이했을 무렵, 이 문제는 해결되었다. 마리아 솔은 동생이라는, 눈에 띄지 않는 자리에서 메시 가문의 명성을 공유하고 있다. 유명인의 형제들은 남들의 눈을 피해 모든 것을 관찰하고 있다. 세상에 공개된 오빠의 인생은 그녀에게 팝콘을 입에 가득 넣고 즐기는 쇼 같은 것이다.

"전에 엄마, 아빠, 삼촌, 외숙모 함께 쇼핑센터에 간 적이 있는데요. 그때 오빠가 전화로 '지금 거기 갈게' 하더군요. 근데 오빠가 오자마자 사람들이 몰려드는 바람에 결국 경찰에게 도움을 받는 지경에 이르렀죠."

자신의 유명세에 무심한 메시를 떠올리면서 여동생은 피식 웃었다. 수화기 저편의 목소리에는 천진난만함이 배어 있었다. 그러고 보면 메시의 팬층도 브랜드 속옷을 좋아할 것 같은 남성보다 플레이스테이션 게임에 몰두하는 아이와 소년들이 대부분이다. 지금으로부터 1년 전, 전 아르헨티나 대표 골키퍼 세르히오 고이코체아가 사회를 보는 TV 퀴즈 프로그램에서 메시에 관해 가장 자세히 답한 것도 솔레다드라는 17살짜리 소녀였다.

MESSI INTERVIEW

"훈련이 끝나면 식구들이나 친구들과 시간을 보내는 일이 다예요. 다른 운동은 안 해요. TV 보는 건 좋아해요. 켜놓고 잠들기도 하죠. 플레이스테이션으로 FIFA 축구 게임을 하기도 합니다. FC바르셀로나나 아르헨티나의 동료하고 게임 하는 데 아주 재미있어요. 잘하는 편은 아니지만요."

할머니에게 바치는 골

마리아 솔 메시는 일요일 오후에 TV 채널을 돌리듯이 화제를 바꿨다.
"컨디션이 나쁠 때는 말을 걸지 않는 게 좋아요."
그녀는 말했다.
"그럴 때 오빠는 소파에 드러누워서 계속 TV만 봐요. 하지만 그건 기분이 나빠서라기보다 가라앉아서예요."
당시 메시에게는 소파에서 우울하게 보내는 까닭이 있었다. 남아공 월드컵 남미예선 10경기에서 2골밖에 넣지 못했기 때문이다. 아르헨티나의 신문들은 메시에 대해 아르헨티나 대표팀 유니폼을 실수로 입게 된 외국인이라고 생각하는 것 같았다. 바르사에서 챔피언스리그 득점왕까지 올랐던 메시였지만, 대표팀에서는 길 잃은 아이처럼 선수의 본능을 잃어버린 모습이었다. 평소 같으면 그의 본능과 스피드가 어울려서 한발 앞선, 빠른 플레이를 보여주었을 것이다. 아르헨티나인 작가 마르틴 코한은 '메시가 보여주는 빠른 드리블은 생각할 틈을 주기는커녕 생각을 못하게 할 정도다'라고 썼다. 그러나 대표팀 유니폼을 새로 입고 A대표팀이 주는 압박에 부담을 느낀 메시는 '생각해' 버렸다. 그리고 생각하는 사이에 소년 시절부터 키워온 자유분방한 플레이가 봉인되어 버렸던 것이다.

아르헨티나 대표팀의 라커룸에서는 남미 특유의 카우디료 체제(중남미의 독재 지도자에 의한 정치)가 깔려 있어서 메시는 마라도나 같은 독재자가 되는 것을 강요받는다. 정치계의 카우디료는 연설대에 오르기 전에 지지자를 모아야 하지만, 축구에서 카우디료는 경기장에 나가기 직전 라커룸을 먼저 제압해야 한다. 골을 넣지 못한 메시는 침묵했지만, 주위는 시끄러워졌다.

아르헨티나 언론이 메시를 그토록 강하게 비판한 것은 그때가 처음이었다. 내성적이고 좌절할 때마다 울음을 터뜨리는 응석받이 아이에게 언론은 엄격한 아버지상을 요구하고 있었다. 어느 챔피언스리그 경기에서 선발 명단에 들지 못한 메시는 팀이 승리했음에도 라커룸에 돌아가자마자 울기 시작했다. 아르헨티나 대표 데뷔전을 치르던 날도 경기 시작 직후 퇴장을 당하고 울었다. 바르사에서 여섯 대회 연속 제패를 이룬 뒤에 치른 코파델레이에서도 퇴장당할 때 눈물을 보였다. 아이 같은 아마추어 정신으로 뛰는 메시에게 패배는 무조건 세상의 끝을 의미한다. 하지만 아르헨티나 대표팀에서는 괴로운 일이 생겨도 울지 않고 땅만 내려다봤다. 그 표정은 장례식 같은 암울함으로 가득했다.

"그때는 너무 침울해했어요."

여동생은 말했다.

"식구가 다 기억하고 있죠."

"그때 당신은 어떻게 했어요?"

"손을 잡아줬어요."

리오넬 메시는 골키퍼처럼 손이 컸다.

다섯 살 때 외할머니가 그 손을 이끌고 축구 연습장에 처음 데리고 갔다. 지금도 그는 골을 넣으면 하늘을 가리키며 천국에 있는 외할머니에게 골을 바치고 있다. 옛날부터 메시는 가족의 손 안에서 벗어난 적이 없다.

마리아 솔은 덧붙였다.

"저는 아무 말 없이 손만 잡아줬어요."

메시가 지닌 천성은 주변 사람들에게 자신을 버리게 하고 부와 재능의 관리 역할을 하게끔 인도한다. 세 아들 중 장남인 로드리고 메시도 아버지와 함께 메시를 곁에서 도와주고 있다. 로드리고는 뉴웰스에서 시작한 축구를 계속하기 위해 유럽으로 건너왔다. 그런 그가 현재 하는 일 중 하나가 메시에게 저녁을 만들어주는 일이다. 축구의 꿈을 단념한 로드리고는 요리를 배워서 고기밖에 먹으려 하지 않는 메시를 위해 매일 저녁, 균형 잡힌 식사를 준비한다.

어느 오후, 5성급 호텔 바에서 나는 로드리고 메시와 만났다. 동생 메시는 생선과 야채를 싫어한다고 그가 알려주었다. 그날 메시는 FC바르셀로나와 연봉 1,050만 유로에 재계약했다. 로드리고는 그 자리에 참석한 뒤 이 바에 왔다. 가족 중에서 유일하게 바르셀로나에 남아 메시의 식생활을 책임지고 있는 그는 때때로 신경질적으로 웃으면서 흐트러지지도 않은 머리를 매만졌다. 가족들에게 '프로블레미터(골칫덩이)'라는 별명으로 불리는 로드리고의 최대 문제는 매일 저녁 메뉴를 생각하는 것이 아니었다. 리오넬 메시의 안전을 확보하는 일이었다.

"저녁을 먹고 메시가 외출하거나 하면 걱정이 됩니다. 걔는 경호원을 붙이는 것을 싫어하지만, 우리가 몰래 경호시키고 있어요."

"어떤 위험한 일이 생길까요?"

로드리고 메시는 위험이 무수히 많다고 말하려는 듯이 인상을 찌푸리며 말했다.

"유명해지면 질투나 악의를 품은 사람들이 나타나요. 모든 것에 주의해야 해요. 축구는 일상과는 다른 세상이니까요."

천재와 같은 성씨를 가졌다는 것은 얻는 것도 있으면 잃는 것도 있다. 특별히 눈에 띄는 축구선수가 아니었던 마라도나의 동생은 서커스 단원처럼 여러 나라의 리그를 전전했고 선수 경력을 페루에서 마쳤다. FC바르셀로나로 이적한 요한 크루이프의 아들은 아버지로부터 물려받은 것이 파란 눈뿐이었다. 펠레의 아들은 브라질의 명문팀 산투스의 골키퍼였지만, 성공하지 못하고 마약밀수와 돈 세탁에 손을 댔다. 로드리고 메시의 경우는 축구라는 미지의 행성에 도사린 위험으로부터 동생을 지키는 사명을 짊어졌다.

전화 저편에서는 마리아 솔이 기억에 남는 15살 파티에 관해 이야기하려고 했다(중남미에서는 여자아이의 15살 생일을 성대하게 축하하는 관습이 있다).

"메시는 생일에 뭘 선물했어요?"

"전부 다요. 오빠는 스페인에 있었지만, 내가 무슨 색 드레스를 입고 싶어 하는지 물어보려고 매일 전화했어요."

비즈니스 논리

    공을 찰 때 말고는 대부분의 시간을 자는 데 보내는 메시도 여동생의 15살 생일이 되자 가만있을 수 없었다. 그는 로사리오에서 가장 고급인 호텔 연회장과 200명분의 출장 요리 서비스를 바르셀로나에서 찾았고, 여동생에게는 제일 마음에 드는 드레스를 고르게 했다. 꿈비아, 레게톤(라틴 음악의 한 종류) 라이브 연주단을 불렀고, 하트 모양의 펜던트 톱을 늘어뜨린 금목걸이와 반지도 선물했다.

    "메시는 파티에서 춤을 췄나요?"

    "네. 모두 놀랐어요. 왜냐하면 큰 오빠 결혼식 때는 밤새 앉아 있기만 했거든요."

    메시가 춤추는 것을 여동생은 그때 처음 봤다.

    메시에게 환상적인 골 이외에 놀라운 것을 바라는 사람은 없다. 그의 드리블은 몇 달 동안 화제를 불러 모은다. 축구팬들은 그들이 본 메시의 플레이를 손자들에게 들려줄 것이다. 모르는 사이에 리오넬 메시는 사람들을 행복하게 했다. 물론 여동생에게도 그는 영웅이었다.

"당신은 뭐가 되고 싶어요?"

마리아 솔에게 물었다.

"바르셀로나에 가서 연극 공부를 하고 싶어요."

젊은 그녀의 목소리는 자신감에 넘쳤다.

"저도 오빠처럼 되고 싶어요. 축구선수가 아니라 배우로서."

마리아 솔은 이 세상에 불가능한 일은 없다고 믿고, 천재는 한 집에 한 사람뿐이라는 설을 뒤엎을 생각이다. 예술의 이면에는 늘 고난이 있음을 그녀는 아직 모른다. 오빠의 고난은 운동장에서 떨어졌을 때 느끼는 그 지루함일지도 모른다. 그의 쇼는 관중도 환성도 없는 조용한 오후의 집에서 베개를 베고 눈을 감았을 때 다시 시작된다.

리오넬 메시에게는 떠올리고 싶지 않은 소년 시절의 사건이 몇 가지 있다. 인터뷰 시간이 3분 남았을 때, 메시는 갑자기 난감한 표정을 지었다. 그 움푹 들어간 턱과 양쪽이 처진 입술, 늘어진 눈썹은 경기에서 골이 무효가 되었을 때의 표정과 같았다.

2009년 오늘, 그가 그런 반응을 보인 까닭은 낮잠을 못 자서가 아니라 내가 가방에서 어떤 책을 꺼낸 탓이었다.

그가 스물두 살이 될 무렵, 스페인에서는 이미 그의 인생을 기록한 책이 두 권 출판되었다. 그중 한 권이 『메시, 성장할 수 없었던 아이』(Messi el niño que no podía crecer 우리나라에서는 『메시 축구의 신』이라는 제목으로 출간)라는 루카 카이올리의 저서였다. 이 책 안에서 카이올리는 드넓은 축구계에서 이룬 메시의 위업을 극찬하고 있다. 그러나 메시는 이 책을 못마땅하다는 듯이 보고 있었다.

"그 책에는 실리지 말아야 할 내용까지 실려 있어요."

턱으로 책을 가리키면서 메시는 경고했다.

메시는 자기 소년 시절에 관한, 몇 가지 감상적인 이야기를 싫어했다. 난생처음 비행기를 타고 아버지와 유럽에 왔을 때, 그는 13살이었다. 그 여행에 그들과 동행한 사람이 또 있었다.

"마치 어제 일처럼 기억하고 있어요."

전화 저편에서 파비앙 솔디니는 말했다.

스페인에서 만사 순조롭게 진행될 경우, 메시는 계약일을 도와줄 대리인이 필요했다. 솔디니는 아버지 같은 목소리로 메시에 관해 말했다.

"여하튼 그는 훌륭한 선수여서 우리가 치료비를 50% 지원하겠다고 제안했어요."

솔디니는 메시가 스페인에 수출될만한 상품이라고 생각했다.

어린 리오넬 메시가 오렌지로 97회, 테니스공으로 130회 리프팅 하는 장면이 담긴 동영상이 있다. 그가 다루는 오렌지와 테니스공은 좀처럼 바닥에 떨어지지 않는다.

그 모습을 촬영한 사람이 대리인 솔디니였다.

그는 그 동영상을 바르셀로나에 있는 파트너에게 보냈다.

"메시는 12살 때 어떤 아이였나요?"

"아주 내성적이었어요."

하고 솔디니가 말했다.

"병원에 데리고 가도 부끄러워해서 진찰받을 때 옷을 잘 안 벗으려고 했어요. 가족과 떨어지는 것도 싫어했죠."

스페인에 가기 위해 로사리오에서 부에노스아이레스로 가는 도중, 메시는 감정이 복받쳤다.

"울음을 그치지 않았어요. 마치 다시는 돌아오지 못한다는 듯이요."

"예민했군요."

나는 말했다.

"하지만 경기에서 뛸 때는 과감해 보여요."

"그렇죠. 메시는 도전하는 일에 달아올라요. 그는 늘 어떤 목표를 두고 플레이해요."

솔디니는 모든 질문에 바로바로 답했다. 정해진 내용을 자문자답하는 것 같았다.

"5골을 넣으면 푸마의 상하의 세트를 준다고 약속한 적도 있었어요."

그것은 바르셀로나에 막 도착했을 무렵이었다.

메시는 산츠에 있는 플라자 호텔에 묵고 있었다. 방의 창문에서는 베네치아 탑, 나무들이 우거진 몬주익 언덕, 스페인 광장 등을 바라볼 수 있었지만, 그의 머릿속은 17일 안에 자기 실력을 증명해야 한다는 생각으로 꽉 차 있었다. 아르헨티나의 구단은 어떤 곳도 치료비를 부담하지 않으려 했기 때문에 그는 모국을 떠나 바르셀로나에서 장래를 건 연습 경기를 치르게 되었다. 라커룸에 들어가기 전, 메시는 발걸음을 멈췄다.

"혼자서 들어가는 건 어색하다고 해서 제가 같이 갔습니다."

솔디니는 말했다.

그날 오후, 한 골이 무효 처리되었지만, 메시는 5골을 넣어서 솔디니는 그에게 약속한 선물을 건넸다.

오늘, 훈련장에 있는 메시는 당시의 일이 쓰인 책을 못마땅한 눈초리로 바라보고 있었다.

"이 책에 실리지 말아야 했을 내용이 뭐지요?"

나는 페이지를 넘기면서 다시 한 번 물었다.

"그 이야기는 나 말고 아버지하고 해야 할 거예요."

그의 아버지 호르헤는 비즈니스 이야기를 하면 아주 예민해진다.

"메시에게 에이전트가 있던 적은 한 번도 없어요."

전화 목소리는 흥분되어 있었다.

"그 이야기는 하고 싶지 않아요."

호르헤가 말하고 싶지 않은 것은 전 대리인 솔디니의 회사가 돈을 청구했다는 이야기다. 장래성이 불투명했던 메시의 바르셀로나행을 성사시킨 솔디니와 파트너들에 대한 보수다. 아르헨티나에 있는 솔디니는 목소리가 거칠어졌다.

"메시는 이제 저한테 인사도 안 해요. 충격이 너무 커서 심리 상담을 받으러 다녔어요. 저는 메시에게 이렇게 말했어요. '네가 망가뜨린 건 내 지갑이 아니라 마음이야'라고요."

메시는 비즈니스 논리에 따라야 했다. 메시가 오렌지로 리프팅 하는 그 동영상은 신용카드 광고에 사용되었다. 그것을 촬영한 솔디니는 텔레비전에서 처음 그 사실을 알았다. 순수한 아마추어 정신과는 작별을 고하고 메시를 둘러싼 탐욕의 비즈니스가 시작되었던 것이다.

메시에게 제일 처음, 또한 중요했던 계약은 한 장의 냅킨 위에서 체결되었다는 얘기가 있다. 당시 FC바르셀로나의 스포츠 디렉터였던 카를레스 레샤크는 메시의 플레이를 7분 동안 본 뒤, 중개하는 대리인 앞에서 레스토랑의 종이 냅킨을 한 장 꺼내 거기에 계약동의서를 쓰고 사인했다. 다른 구단에 메시를 빼앗기고 싶지 않았던 것이다. FC바르셀로나는 1회용 종이 조각 한 장으로 메시의 앞날을 손에 넣었다고 한다.

그리고 10년도 되지 않아 이 젊은 청년은 미국의 버락 오바마 대통령이 저서의 인세와 월급을 합해서 신고한 소득액의 4배를 벌게 되었다. '메시'라는 성은 이제 '레오 메시 매니지먼트'라는 가족 기업이 관리하는 등록 상표다. 이 위대한 축구 천재는 은행, 주스, 항공사, 가정용 게임기, 전기 면도기의 CF에 나왔고, 속옷과 잠옷의 광고 모델도 했다. 다만, 메시 자신은 낮잠을 잘 때 잠옷을 입지 않는다고 한다.

'레오 메시 매니지먼트'는 뒤를 돌아봤지만, 이 자리에서 빼내줄 홍보 부장의 모습은 없었다. 그는 수업 종료 벨을 기다리는 학생처럼 답답해하는 것 같았다.

메시를 보살피면서 전 세계를 누비는 물리치료사 후안호 브라우는 메시를 이해하는 방법 중 하나는 머리의 위치를 관찰하는 것이라고 말했다. 그가 머리를 숙일 때는 '방해하지 마시오'라고 쓰여 있는 푯말과 같다고 한다. 스타 선수들 중 대부분은 운동장 안팎에서 특유의 행동이 있다. 마라도나의 상반신 노출과 카니발을 떠올리게 하는 호나우지뉴의 웃는 얼굴, 우아하고 귀족적이면서 여유 있는 지단의 언동이 그 좋은 예다. 한편, 번개 같은 플레이를 보여주는 메시는 일단 운동장 밖으로 나가면

딴사람처럼 배터리가 다 된 모습을 보인다. 그는 이미지 전략에 능숙하지 못하다.

홍보부장이 좀처럼 데리러 오지 않아서 메시는 혼자 일어나려고 했다. 하지만 그 전에 휴대전화를 보며 연락이 와 있는지 확인했다.

"거기에 사진을 저장하고 있나요?"

그 질문으로 나는 그의 동작을 멈추게 했다. 메시는 침대에서 일어날 때처럼 샌들을 신고 하품했다.

"보내기는 하지만 저장은 안 해요."

그때 선수를 퇴장시키는 심판처럼 홍보부장이 손을 흔들며 나타났다. 이제 끝이다. 리오넬 메시는 그 못마땅한 책이 들어있는 내 가방에서 눈을 돌렸다.

책이라는 것은 그에게, 엮이고 싶지 않은 근처 주민과 같은 것이다. 어느 날, 펩 과르디올라 감독이 메시에게 책 한 권을 선물했다. 과르디올라는 그 책이 늘 승리를 이어나가고 있는 메시의 흥미를 끌 것이라고 생각했다. 아울러 그에게 어떤 메시지를 주려고 했다. 그 책은 스페인 작가 다비드 트루에바의 저서 『패배하는 법을 배우다 Saber perder』였다.

"그 책은 읽었습니까?"

"감독님이 주셔서 읽기 시작하긴 했는데, 원래 읽는 걸 좋아하지 않아요."

"아르헨티나에서 스페인으로 건너온 젊은이가 스페인 여자아이를 알게 되는 이야기라는 건 알아요?"

"네. 나중에 누가 이야기해줘서 알았어요."

패배하는 법을 배우다.

리오넬 메시는 지금도 질 때마다 눈물을 흘린다.

훈련장에서 인터뷰를 끝낸 그는 힘 없는 악수로 나에게 이별을 고했다. 힘이 빠진 그 악수는 운동장을 떠날 때의 그 자신처럼 존재감이 없었다. 그러나 라이벌을 앞에 두면, 그 나른함은 순식간에 사라진다. 절정기의 호나우지뉴는 웃는 얼굴 뒤에 위험한 플레이를 숨기고 상대 수비수의 빈틈을 파고들었다. 메시도 그 종잡을 수 없는 존재감으로 주위를 방심시키고 있다.

나는 내일 UEFA 올해의 선수상을 받는 그의 모습을 TV로 보게 될 것이다. 이번 시즌 20개째의 트로피를 손에 넣은 메시는 분명, 치수가 맞는데도 왠지 빌린 옷처럼 보이는 양복을 입고 나타날 것이다. 그리고 그는 아주 천천히 일상으로 복귀할 것이다. 그 모습은 세상에서 가장 예측 불가능한 축구선수에게 어울리는 패러독스다. 하지만 오늘은 혼자 차를 운전해서 비탈길을 오르고 지중해가 보이는 집으로 돌아갔다. 그리고 그는 언제나처럼 소파에 누워 꿈속으로 몸을 맡길 것이다.

MESSI INTERVIEW

"카를레스 레샤크가 계약서를 준비하지 못해서 냅킨에 써서 줬다는 얘기가 돌던데, 저는 그 냅킨을 본 적이 없어서 사실인지 모르겠어요(웃음)."

Part 2

바르셀로나 적응기

부상과 과로의
나날

 2010년 11월의 어느 날 아침, 리오넬 메시는 바르셀로나의 올림픽 스타디움에 포르쉐 카이엔을 타고 도착했다. 내리자마자 그를 마중하는 CF 프로듀서들에게 머리를 움직여서 가볍게 인사했다. 그 자리에 있던 사람들의 말소리는 TV의 볼륨을 조금씩 줄인 것처럼 점점 작아졌다. 카메라 앞에서 리프팅을 해야 할 메시가 발을 질질 끌고 있었던 것이다.
 그 전날, 덴마크의 혹독한 추위 속에서 FC코펜하겐의 수비수들과 싸우던 메시는 발을 다쳐서 얼굴을 찌푸리며 운동장을 빠져나왔다. 메시가 형광 주황색 스파이크로 공을 차는 모습을 찍기 위해 일부러 캐나다의 퀘벡에서 촬영팀이 찾아왔지만, 거액의 비용이 들어간 오늘 CF 촬영은 어쩌면 중지될지도 모른다.
 메시는 바르셀로나 시내가 바라다보이는 몬주익의 산기슭에 오른발을 질질 끌면서 도착했다. CF 디렉터는 촬영을 위해 메시가 즐겁게 슛하는 동작을 반복해줄 것으로 기대했지만, 오늘의 메시는 스파이크보다 침대 매트리스와 약품 CF에 어울릴 듯한 표정을 하고 있었다. 절룩거리면서 걷는 그는 오른발이 땅에 닿을 때마다 입을 일그러뜨렸다.

메시를 비롯한 프로 축구선수들에게 CF 출연은 경기에 나가는 것 이상의 수익을 안겨주는 비즈니스다. 2010년은 FC바르셀로나, 즉, 축구팀에 소속된 선수들의 연 수입이 처음으로 뉴욕양키즈 야구팀을 넘어섰다. 메시는 그중에서 가장 많은 3,300만 유로를 벌어들였지만, 축구선수로서 받는 급여는 전체의 3분의 1에 지나지 않으며, 그 이외의 수입은 CF 계약으로 얻은 것이었다.

스타 선수들은 운동장 위뿐 아니라 의류 시장에서도 치열한 싸움을 펼치고 있다. 크리스티아누 호날두가 아르마니, 나이키의 모델이 되자 메시는 돌체앤가바나, 아디다스와 계약했다. 오늘 아픈 다리를 끌고 촬영해야 하는 CF가 바로 아디다스다. 메시의 체격은 일반적인 프로 축구선수와는 다르다. 골반이 넓고 신장이 작은데다 몸통이 길고 팔이 짧기 때문에 그의 옷은 모두 맞춘 것이다. 오늘 아침에는 형 로드리고 메시와 언론 관련 일에 꼭 동석하는 남자 마케팅 어드바이저가 메시를 따라 이 경기장에 와 있다.

프로듀서들은 계약대로 4시간 안에 모든 촬영을 끝내야 한다. 2분짜리 TV CF 이외에도 인터넷용 '바이럴' CF도 제작될 예정이다. 바이럴 CF란 팬들의 입소문이 퍼지도록 광고회사가 인터넷에 올리는 동영상이다. 스파이크를 신기 위해 메시가 스니커를 벗자 발을 질질 끄는 원인이 드러났다. 부어오른 오른발에는 발목부터 발등까지 고정하는 붕대가 감겨 있었다.

  이 현장에서 메시와 이야기하는 것이 허락된 유일한 인물은 스페인어를 할 수 있는 크리에이티브 디렉터였다. 물론 영어와 프랑스어밖에 못하는 다른 스태프들도 메시의 매니지먼트 회사가 정한, 짧은 시간을 최대한으로 활용하고 싶어 했다. 광고업계에는 독자적인 규칙이 있다. 오늘은 메시에게 질문, 사인, 악수를 요청할 수 없도록 되어 있었다. 메시에게 기분전환이 될 만한 것은 전혀 없었다. 그는 오른발의 통증을 참으면서 TV의 흔한 영웅을 연기해야 했다.

  어렸을 때부터 메시는 자주 다쳤다. 축구에서 처음 부상을 당했을 때는 '벼룩'이라는 별명으로 불리기 전이었다. 팀 동료들은 메시를 '에나노(난쟁이)'라고 불렀다. 작고 빠른 그의 존재는 수비수들에게 골칫덩이였다. 어릴 적 메시는 뼈가 부러지는 일이 많았다. 한 살도 안 되었을 때, 형들 뒤를 따라 나갔다가 길에서 자전거에 치여 왼팔이 부러졌다. 12살 때는 훈련 중에 팀 동료에게 밀려서 손목이 부러졌다.

  바르셀로나에 도착하고 몇 개월이 지난 2001년 4월, 메시는 토로토사와의 경기에서 처음 중상을 입었다. 상대팀 선수가 왼쪽 다리의 종아리뼈를 부러뜨려서 15일 동안 그 다리로 설 수 없었다. 메시는 자신의 뼈가 약하다는 점을 간과하고 있었다. 15살 때 출전한 에스파뇰전에서는 상대 수비수의 헤딩에 턱을 들이받혀 기절했고, 남은 시즌을 마스크를 쓰고 뛰었다.

  축구선수가 다치면 경기라는 쇼가 중단된다. 마라도나는 캄노우에서 바스크인 선수 고이코에체아 탓에 왼쪽 발목이 골절되는 부상을 입고 100일 이상 경기에 나서지 못했다. 호나우두는 코파이탈리아 결승전에서 입은 오른쪽 무릎 부상 탓에 3년이나 괴로워했다.

만일 부상으로 경기에 나가지 못하게 되면 메시는 지루한 나머지 우울증에 걸릴지도 모르지만, 그건 메시로만 끝나는 일이 아니다. 신문의 스포츠란에 활기가 사라지고, 마을의 식당과 사무실에서 감탄하는 소리가 들리지 않게 될 것이다. 부상을 입은 천재들은 운동장 위에서 펼쳐지는 드라마의 격을 떨어뜨릴 뿐 아니라 비즈니스에도 손해를 끼친다.

21살의 펠레는 과로로 서혜부 염좌가 일어나 자신의 두 번째가 되었을 월드컵에 나가지 못했다. 크루이프도 서혜부 통증을 참고 뛰었지만, 아약스의 주전 공격수로 5시즌째를 맞았을 때 결국 그 통증을 견디지 못했다. 지단은 스페인 리그에서 입은 부상 탓에 2002년 한일 월드컵에서 제대로 활약하지 못했다.

18세 때 오른쪽 다리의 이두근을 다친 메시는 파리에서 열린 UEFA챔피언스리그 결승을 놓치고 바르사의 1군에 1개월 이상 합류하지 못했던 적이 있지만, 다행히 지금은 부상이 없어서 그를 둘러싼 거액의 비즈니스는 지속되었다.

축구 천재들은 항상 무거운 의무를 짊어지고 있다. 팀의 다른 동료들과 달리 메시는 메디컬 체크를 받기 9일 전에 바르사에서 데뷔전을 치뤘다. 당시 바르사의 하부 팀에서는 스트라이커가 부족했기 때문에 감독이 조급했던 것이다. 조금 지나 실시된 메디컬 체크에서는 신체검사, 혈액검사, 부하심전도 이외에 뼈 나이의 뒤처짐을 확인하기 위해 손목의 뢴

트겐 사진을 찍었다. 식생활 관리와 개인 훈련 프로그램을 이행하면 호르몬 주사 없이도 최고의 기량을 발휘할 수 있다는 낙관적인 결과가 나왔다. 이렇게 바르사는 마지막 호르몬 치료비를 부담했고, 메시는 조금씩 주사의 빈도를 줄여갔다.

부상횟수도 줄었다. 어른이 되고 나서 메시가 입은 부상은 뼈가 약해서 온 것이 아니다. 현재 그를 체력의 한계까지 몰아붙이는 것은 과로다. 남아공 월드컵을 뛰고 온 메시는 비행기로 장거리 마라톤을 시작했다.

우선 아르헨티나의 로사리오에서 가족과 친구들을 만난 뒤, 브라질의 히우지자네이루와 멕시코의 칸쿤으로 가서 여자친구와 휴가를 보냈다. 그 후, 아이티의 수도 포르토프랭스에서 유니세프 대사로서 지진 피해자들을 위문한 그는 서울과 베이징, 도쿄에서 친선경기를 뛰었다.

전성기의 마라도나는 한 해 평균 45경기를 뛰었지만, 2010 시즌의 메시는 한 해 60경기 가까이 뛰었다. 8월, 그는 아시아투어의 일환으로 K리그 올스타팀과 상대해야 했다. 펩 과르디올라 감독은 메시의 출전을 막았다. 전 시즌에 입은 부상과 월드컵의 피로가 남았다는 점, 휴가 기간에 몸무게가 2kg 늘어서 왔다는 점, 연습부족이라는 것이 이유였다. 그러나 아시아투어의 주최자는 메시의 출전을 강하게 원했다. 그가 뛰지 않으면 바르사가 받는 보수가 20만 유로나 줄어든다. 결국, 메시는 경기에 나갔다.

2개월 뒤, 이번에는 일본에서 개최되는 아르헨티나 대표팀 친선경기에 소집되었다. 과로와 부상을 걱정한 과르디올라는 다시 메시의 차출을 거부했지만, 축구 비즈니스가 상식을 뒤엎어서 메시는 뛸 수밖에 없었다.

그가 경기에 나가면 아르헨티나 대표팀에는 스페인 기업의 관리직 셀러리맨이 20년 동안 버는 돈에 필적하는 수입이 들어오게 되어 있었다. 메시가 설령 골을 넣지 못해도, 풀타임을 뛰지 않아도, 그만한 금액이 단한 경기로 창출된다.

어차피 축구 경기도 CF처럼 상업 목적의 계약이다. 비즈니스가 성립되려면 메시가 뛰는 모습이 나오기만 하면 된다. 그래서 메시는 늘 계속해서 움직이고 있다.

2010년 8월, 메시는 단 열흘 동안 35,000km를 이동했다. 세계 일주에 조금 못 미치는 거리다.

"지금 몇 시인지 며칠인지도 모르겠다."

한국에 도착한 메시는 이렇게 말했다. 그는 혼란스러워했다.

MESSI INTERVIEW

"로사리오의 길거리에서 공을 차던 시절에는 프리메라리가나 챔피언스리그에서 우승할 줄은 꿈도 꾸지 못했어요. 스페인에서 산다거나 FC바르셀로나 같은 빅클럽에서 뛰는 것도 상상도 못 했어요. 실제로 그렇게 되어서 놀랐습니다. 프로 선수가 될 수도 있겠다고는 생각했지만, 설마 바르사일 줄은 몰랐죠. 전 그냥 좋아하는 스포츠를 해왔을 뿐인데."

사생활

 2010년 오늘, 메시는 오른발의 통증을 참으면서 공을 차려고 했다. 바르셀로나 올림픽 스타디움에서 메시는 다양한 치수의 스파이크를 바꿔 신었고, 그때마다 입술을 깨물었다. 하지만 촬영장에서는 CF업계의 속도로 평상시처럼 작업이 진행되고 있었다. 메시는 어시스턴트가 가져온 아르헨티나 대표팀 유니폼을 입어야 했다. 그의 옆에는 재킷과 검고 짧은 하의를 몸에 걸친 금발의 늘씬한 여성이 오가고 있었다. 얼핏 보면 비서 같지만, 실제 역할은 메시가 벗은 옷가지를 봉지에 담는 일뿐이었다.
 "이 스파이크는 시장에 나온 제품 중에서 가장 가벼워요."
 크리에이티브 디렉터가 메시에게 말했다.
 "한 짝의 무게가 테니스공과 같지요."
 메시는 잠자코 듣고 있었다.
 "이 CF에서 우리가 전하고 싶은 건, 스파이크가 이렇게 가벼우면 더 빨리 달릴 수 있다는 점이에요."

메시는 끄덕이며 말했다.

"어느 나라 사람이에요?"

"페루요."

"페루?"

그곳의 경치를 연상하려는 듯이 메시는 반복했다. 분주한 프로의 세계에서는 첫 만남의 예의가 생략된다. 스타인 그들을 TV에서 너무 자주 본 탓에 인사하는 것을 잊어버린다.

2010년 여름, 유럽에서는 데이비드 베컴의 연인이라고 주장하는 여성이 그와의 밀회를 폭로했다. 베컴은 그녀를 만날 때마다 1만 유로를 주었다고 한다. 크리스티아누 호날두는 속옷 광고로 알려진 러시아 모델과의 교제를 공식적으로 인정했다. FC바르셀로나의 수비수 헤라르드 피케는 콜롬비아 가수 샤키라와 다정히 있는 모습이 파파라치에게 찍혔다.

메시와 그의 여자친구가 히우지자네이루의 해변에 있는 모습이 찍혔을 때는 메시의 왼쪽 어깨에 새긴 어머니 얼굴 모양의 문신까지 사진에 나왔다. 파파라치가 다시 여자친구와 함께 있는 메시를 발견한 것은 바르셀로나에 돌아온 두 사람이 '태양의 서커스' 공연을 보고 나왔을 때였다.

몇 개월 후, 아르헨티나 U-20 대표팀 선수의 전 여자친구였던 쇼걸이 채팅하고 있는 메시의 동영상을 공개했다. 메시는 그녀에게 PC의 카메라 앞에서 자세를 취해달라고 했다.

"이제 가야 하니까 그 전에 한 바퀴 돌아봐요."

화면에 비친 메시는 마치 선물을 기대하는 듯한, 즐거운 표정이었다.

메시의 그 모습은 촬영되어서 유튜브에 올려졌다. 메시와 접촉한 사람이라면 누구나 세상의 주목을 받을 수 있다. 이 경솔한 채팅이 화제가 되자 다른 여성도 TV프로그램에 나와서 부에노스아이레스의 호텔 방에서 메시와 만난 일화를 말했다. 스트리퍼 같은 발군의 몸매와 갈색 피부를 지닌 이 여성은 MC로부터 메시가 침대에서도 대단하느냐는 질문에 갑자기 동정의 빛을 내비쳤다.

"메시는 서민 동네에서 자란 아이라서 같은 서민 동네의 여자애를 좋아해요."

그 말은 메시의 신뢰를 저버리고 사생활을 폭로한 일을 사과하는 것 같았다.

스타 선수 중에는 보통 사람이 결코 닿을 수 없는 호화로운 생활을 누리는 선수도 있는데, 메시는 자신의 인기가 사생활을 위협한다는 점을 자각하지 못한 것 같다. 2010년 말, 순종적이고 재미없는 아이라는 그의 이미지는 때로는 남의 눈을 잊고 자유분방하게 행동하는 어른의 이미지로 바뀌어갔다.

리프팅으로 시간을 때우려고 메시는 공을 하나 빌렸다. 촬영은 몇 분 뒤에 시작된다. 식사와 휴식 공간이 준비된 트레일러로 안내하려고 스태프가 말을 걸었지만, 그는 대꾸하지 않고 남이 보든 말든 공을 공중으로 차올리고 있었다. 메시가 기계처럼 정확하게 찬 공은 한쪽 발등에서 다른 한쪽으로 떨어지지 않고 옮겨갔다.

미국인 최초로 체스 세계챔피언이 된 바비 피셔는 언제든지 체스를 할 수 있도록 주머니에 작은 체스판과 말을 넣고 다녔다. 그는 그렇게 해서 세상과 자신을 분리했던 것이다. 메시는 체스 말 대신 남아공 월드컵 공인구, 아디다스 자블라니를 찼다. 저쪽에서 형이 부르는 소리를 들은 메시는 그제야 리프팅을 멈췄다. 형은 그에게 휴대전화를 건넸다. 블랙베리 화면의 문자 메시지를 본 메시는 오늘 처음으로 웃는 얼굴을 지었다.

CF 프로듀서들이 메시에게 말을 걸지 않도록 주변 사람들에게 지시한 것은 그의 주의력을 떨어뜨리지 않기 위해서다. 실제로 발 위의 공에 모든 집중력을 쏟고 있는 메시는 세상과 분리된 것처럼 보였다.

그러나 메시는 지금까지 몇 번인가 자신의 부주의로 호된 일을 겪었다. 어릴 때, 화장실에서 나오지 못해서 뉴웰스 유소년팀의 중요한 경기에 지각한 일도 있었고, 바르셀로나에서는 계단을 내려가다가 오른쪽 손목이 부러진 일도 있었다. 마라도나와 마찬가지로 운동선수 메시의 재능은 축구를 할 때밖에 발휘되지 않는다. 우리는 TV 덕에 그 천재적인 플레이를 느린 화면으로 자세히 확인할 수 있다.

카메라 플래시 앞에서 자세를 취하는 일에 의욕을 보이는 선수들도 있지만, 축구 해설자들을 감탄하게 하는 이 청년의 기쁨은 CF 스타가 되는 일이 아니고 휴대전화 문자를 받는 일이다.

필드 밖의 메시

 축구라는 비눗방울에서 한 걸음 밖으로 나온 메시의 세계는 비행기나 버스의 창밖에 펼쳐지는 풍경 아니면 휴대전화 화면이 거의 전부다. 일이 생활의 대부분을 차지하기 때문에 친구와 얘기할 때도 채팅이 고작인 경우가 흔하다.
 어느 날 아침, 컴퓨터 교사 루벤 보나스트레는 메시가 처음으로 이메일 쓰는 법을 교육받은 곳으로 나를 안내해주었다. 그 교실은 18세기에 지어진 석조 건물, 라마시아의 1층에 있다. 라마시아는 바르셀로나 1군 팀에서 뛰기를 꿈꾸며 전 세계에서 모여든 어린 선수들을 보살피고 있다.
 메시가 처음 이곳에 온 것은 2001년, 그가 13살 때였다. 보나스트레는 메시를 처음 맞이해준 교사 중 한 사람이자 또한 학교에서 그의 조언자이기도 했다. 라마시아의 어린 선수들은 팀 스포츠 정신을 배우면서 학교 수업도 받는다. 이곳은 인터넷과 휴대전화가 픽션에서조차 존재하지 않았던 옛 시대의 별장처럼 조용한 분위기였다. 하지만 여기에 있는 소년들은 군대처럼 엄격한 규율을 지키면서 생활하고 있다.

"메시가 키보드 위에 손을 올리는 일은 아주 드물었어요."

보나스트레는 말했다.

"그는 게으른 학생이었나요?"

"아뇨. 다만 주의가 산만하고 늘 정신이 딴 데 가 있었어요. 수업 중에 제가 주의를 시키면, 내용을 잘 몰라도 일단 진지하게 듣는 표정을 보였지만요."

루벤 보나스트레는 메시가 바르셀로나에 온 2001년부터 라마시아에서 일했다. 젊은 리더의 목소리로 이야기하는 30대 초반의 보나스트레는 짧은 머리를 왁스로 세운 모습이었다. 바르셀로나에 왔을 무렵, 메시는 긴 머리의 중학교 신입생이었다.

보나스트레는 당시, 집중력 부족이었던 메시를 지금은 이해한다고 했다.

"메시가 현명한 거예요. 자기 목적이 축구라는 걸 잘 알고 있던 거죠."

메시는 비록 성적이 나빠도 학교는 빠지지 않고 다녔다. 그것이 축구를 하기 위한 대가였기 때문이다.

많은 축구선수와 마찬가지로 메시도 결코 성실한 학생은 아니었지만, 바르사에서 뛰려면 모든 수업에 출석해야 했다. 따분한 컴퓨터 수업도 그렇다. 메시는 윈도우, 파워포인트, 데이터베이스에 흥미가 없었다.

메시는 휴대전화 화면에 집착한다. 2010년 10월 어느 날 오후, 바르셀로나에 있는 메시의 자택에서 블랙베리의 착신음이 울렸다. 문자 메시지를 받은 것이다.

"너 큰일 났다. 이제 다 죽었어."

부에노스아이레스에서 온 문자였다.

아르헨티나 대표팀 미드필더, 후안 세바스티안 베론이었다. 남아공 월드컵이 열린 40일 동안 메시와 베론은 룸메이트였다. 두 사람은 합숙 장소인 프리토리아 스포츠 센터의 나란히 놓인 침대에서 자면서 (결국 8강에 그친) 월드컵에 대한 기대를 함께 나누었다.

베론은 그때까지 월드컵을 두 번 경험했다. 큰 키, 넓은 어깨, 완전히 밀어버린 머리가 상징인 베론은 첼시, 맨체스터유나이티드, 인터밀란 등에서 뛰며 유럽에 그 이름을 떨쳤다. 한편, 메시는 대표팀 주전 선수로는 처음으로 월드컵을 맞이했다. 마라도나 감독은 베론 같은 리더를 곁에 두면, 메시의 의욕도 분명히 끌어올릴 수 있을 것이라고 생각했다. 남미 예선 때의 메시는 반사신경이 둔한, 내성적인 아이 같았다. 마라도나는 압박이 심한 본선에서 메시가 또 그런 상태에 빠지는 것을 피하고 싶어 했다.

베론은 메시를 경기장에서 뛸 때처럼 반응하게 만드는 법을 알고 있었다. 부에노스아이레스에 있는 에스투디안테스의 식당에서 나를 맞아준 그는 그것을 증명했다.

"네 이야기를 듣고 싶다는 사람이 와 있어."

베론은 메시에게 문자를 보냈다.

"네가 보낸 이 사람, 누구야?"

메시가 바르셀로나에서 답했다.

"제가 안 보냈는데요."

"바보. 농담이야."

메시는 자기 사생활을 캐는 사람들을 경계한다. 베론은 블랙베리의 액정 화면을 나에게 보여주었다. 메시는 지금 채팅에 들어와 있다. 전 룸메이트의 휴대전화 화면에 비친 메시의 사진은 미동도 하지 않았다. 그것은 채팅 유저가 쓰는, 작은 프로필 이미지였다. 메시는 그 사진에서 복서견을 껴안고 카메라를 향해 웃고 있다. 메시와 개는 소파에 누워서, 푹신푹신한 쿠션에 반쯤 파묻혀 있었다.

메시가 늘 온라인 상태라는 증거를 보여준다는 듯이 베론은 화면을 나에게 보여주었다. 메시에 관해 이야기해도 되는지 본인에게 허락을 받고 있는 것이다.

"메시는 문자에 답을 잘 해주나요?"

나는 물었다.

"답해줘요. 메시는 늘 이기고 싶어 하거든요."

베론은 말했다.

"항상 자극을 찾고 있죠."

베론은 한 예를 들었다.

"전에 문자로 걔를 놀렸어요. '너, 벌써 2주나 연락하지 않았네. 무정한 녀석 같으니라구' 하면서요. 그랬더니 바로 '죄송해요. 방해하는 것 같아서요'라고 답했어요."

베론은 눈을 크게 떴다.

"방해라니."

어깨를 움츠렸다.

PART 2 바르셀로나 적응기

"굳이 일일이 설명하지 않아도 되는데……"

그렇지 않아도 인터넷으로 주고받는 농담은 이해하기 힘들다. 게다가 메시는 말을 잘하는 편이 아니다.

"저는 걔가 기분이 좋은지 나쁜지, 어떤 표정이 있는지, 언제 당황하는지 다 알아요. 걔가 조용히 있고 싶을 때는 가만둬야 해요."

"어떻게 메시의 마음을 열었나요?"

"형제처럼 지냈지요."

이렇게 말한 뒤에 베론은 바로 정정했다.

"아니, 아들처럼 생각했던가."

메시는 부모 말고도 많은 어른에게 둘러싸여서 자랐지만, 아들처럼 그를 보살펴준 사람은 없었다.

초등학생 시절, 여섯 살 소녀를 통해 말했던 메시는 지금 블랙베리로 빠르게 대화를 나누고 있다. 그러나 주 2회 들었던 컴퓨터 수업에서는 그의 메신저가 늘 오프라인 상태였던 것 같다.

"여기 있지만 없는 것 같은 느낌이었어요."

컴퓨터 수업을 받는 메시는 경기장 위의 메시 같지 않았다.

"축구 감독들과 얘기해보면 하나같이 메시가 대단하다는 얘기만 해요. 완전히 모순이었죠."

교사 보나스트레는 말했다.

"경기장에선 거침없이 플레이하는데, 사생활에선 왜 그렇지 않은지 궁금했어요."

바르셀로나에 적응하지 못했던 식구들

　리오넬 메시의 생활은 훈련에 참가하고, 학교 보충 수업을 마지못해 받은 뒤, 캄노우 근처의 카를로스 3세 거리에 있는 아파트로 돌아와 밤을 보냈다. 유소년팀에서 뛰는 외국 소년의 가족을 위해 구단이 임대한 아파트였다. 메시의 아버지 호르헤는 식구 모두에게 가장 편리한 곳을 골랐다. 바르셀로나 도착 후 2주 동안, 메시와 아버지는 캄노우를 바라보는 랄예 호텔에 묵었지만, 더 지내기 편한 곳에 있고 싶어 했다.

　새집을 묵묵히 확인한 어머니 셀리아 쿠치티니는 자기는 단독주택이 좋다고 투덜거렸다. 그녀가 살던 로사리오의 라스에라스는 조용한 길가에 단층집이 늘어서 있는 곳이었기 때문에 빌딩 안에서 사는 게 내키지 않았다.

　몇 달 후, 메시 일가는 하나둘 그 아파트를 떠났다. 메시의 어머니는 새 주거지에 적응하지 못했다. 차남 마티아스는 아르헨티나 여성과 사귀고 있어서 모국으로 돌아가기로 했다. 여동생 마리아 솔은 카탈루냐어와 학교의 반 아이들과 쉽게 친해지지 못했다. 결국, 모두 로사리오로 돌아갔다. 유일하게 바르셀로나에 남은 장남 로드리고는 여자친구와 함께 시내의 다른 곳에서 살기 시작했다. 바르사 유소년팀의 스트라이커가 되기 전, 리오넬 메시는 텅 빈 아파트에서 아버지와 단둘이서 지냈다.

10년 뒤, 메시는 당시를 이렇게 회상했다.

"그때는 괴로웠어요. 아버지와 단둘이 지내던 시기였죠. 혼자 제 방에 틀어박혀 운 적도 있어요."

막내아들은 바르셀로나에서 세계 최고의 축구선수가 되려고 했지만, 가족들은 그곳에 적응하지 못했다.

게다가 인터넷으로 소통하는 방법을 보나스트레 선생에게 배우던 시기에, 메시는 스페인 국적이 아니라는 이유로 스페인에서 열리는 대회에 나갈 수 없는 상황이었다. 그가 어린 시절을 보낸 구단, 뉴웰스올드보이스가 국제이적동의서의 발급을 거부했기 때문이다. 메시는 스페인 축구연맹에 등록하기 위해 그 서류가 필요했다. 당시의 메시는 카탈루냐 리그 소년B 카테고리의 친선경기만 뛸 수 있었다.

그래도 FC바르셀로나는 그를 품었다. 메시는 바르사가 20년 전에 만든, 유소년팀의 축구철학에 잘 맞았다. 바르사의 스포츠 디렉터들은 이제 큰 키, 근육질을 갖춘 스테레오 타입의 선수를 찾지 않았다. 라마시아에서 지냈던 펩 과르디올라는 소년 시절, 피지컬이 약하다는 이유로 팀에서 방출될 뻔했다고 한다. 당시 과르디올라를 지도했던 감독 루이스 푸욜은 이렇게 회상했다.

"펩은 다리가 철사처럼 가늘었어요. 축구의 관점에서는 그가 재능이 뛰어난 선수로 보이지 않았습니다. 슛, 드리블, 문전 쇄도, 정신력, 개인기, 어딜 봐도 별다른 게 없었어요."

푸욜은 당시 바르사 유소년팀의 책임자였던 오리올 토르트에게 이렇게 말했다고 한다.

"도대체 저 애 어디가 좋아요? 전 머리가 좋다는 것 말고는 모르겠어요."

푸욜은 회의적이었다.

"맞아."

토르트는 맞장구를 쳤다.

"저 애의 비밀은 그 머릿속에 있어."

신체조건보다 머리가 좋은 선수에게 투자한다. 그 방침은 서서히 FC바르셀로나의 브랜드가 되고 있었다. 메시가 테스트를 받을 때, 스포츠 디렉터 카를레스 레샤크가 도움의 손길을 내밀었다.

"메시와 계약하려고 했더니, 그가 테이블 축구 게임기 선수처럼 작다고 반대하는 사람도 있었어요. 저는 이렇게 말했죠. 만약 테이블 축구선수가 메시 같다면 나는 팀 전체를 테이블 축구선수들로 만들고 싶다고요."

메시는 차근차근 시간을 들여서 만든 계획의 일부였다.

지금도 라마시아는 메시가 다녔을 때와 똑같이 운영되고 있다(역주-메시가 생활했던 라마시아의 옛 기숙사는 2011년 6월 30일에 폐쇄되고, 새로 문을 연 오리올 토르트 센터가 그 역할을 이어받았다). 돌과 시멘트벽에는 과거의 영광을 담은 사진이 장식되어 있었고, 그곳 주방의 음식 냄새가 접수처의 목제 의자와 바닥의 왁스 냄새와 어울려서 풍기고 있었다. 이곳은 바르사가 요한 크루이프와 계약한 곳이기도 하다. 남아공 월드컵에서 우승한 스페인 대표팀 선수 중 7명이 식사했던 곳도 이곳이다.

도서관 옆에는 2단 침대가 놓인 방 몇 개가 늘어서 있다. 이곳에는 12인용 공간이 마련되어 있고, 나머지 약 50명은 캄노우 옆에 있는 건물에 묵고 있다. 메시와 함께 2010년 발롱도르 후보에 오른 차비 에르난데스, 안드레스 이니에스타도 이 방에서 지냈다. 당시 두 사람의 키는 160cm도 되지 않았다. 메시는 한술 더 떠 150cm도 안 되었지만, 누구나 그를 팀에 기용하고 싶어 했다.

카데테B팀(14~15세)에서 뛸 무렵, 팀 동료들과 스위스에 원정경기를 치르러 간 적이 있었다. 홈팀 타잉언을 꺾고 우승한 그들이 송별회에서 저녁을 먹을 때, 프로 선수 한 명이 무대에 올라 리프팅을 시작했다. 그 모습에 자극받은 팀 동료들이 메시를 무대에 올리자 그는 평소 경기장 밖에서 보여준 일이 없는, 여유 있는 모습으로 공 묘기를 선보였다.

"그 애가 대수 계산법을 제대로 배우지 못한 건 분명해요."
라마시아의 교사 보나스트레가 말했다.
"하지만 훈련 시간을 지키는 일이나 감독의 지적을 참을성 있게 귀담아듣는 법은 배웠을 겁니다."
보나스트레의 목소리는 확신에 차 있었고 자기 일에 자부심이 느껴졌다.
"교사의 말을 들을 줄 알면, 감독의 말도 들을 줄 알게 되니까요. 수업을 참고 들을 수 있으면 운동장에서도 잘할 수 있습니다."

메시의 규율이 잡힌 플레이는 청소년 시절, 기숙사 생활에서 길러진 것이다. 아르헨티나 거리에서 기른 자유분방함이 FC바르셀로나의 엄격한 교육으로 억제되었다. 독재자들이 통치했던 나라, 아르헨티나에서 자란 메시가 만일 축구 민주화를 지향하는 바르사의 교육을 받지 않았더라면 분명 다른 길을 걸었을 것이다. 수비하는 공격수와 공격하는 수비수가 있는, 바르사의 권력 배분 속에서 조용한 리더 역할을 맡은 메시가, 아르헨티나 대표 선수로서 발롱도르를 받는 일도 없었을지 모른다. 아르헨티나 대표팀의 플레이에 순응하는 일은 메시에게 어려운 문제이다.

성장호르몬 치료비를 부담한 바르사에 대해 그는 어떤 충성심을 품고 있다. 그가 바르사에서 영감 넘치는, 날카로운 슛을 선보이는 것은 기록을 새로 쓰기 위함이 아니라 구단에 대한 애정을 증명하기 위해서이다.

MESSI INTERVIEW

"다시 태어나도 또 지금과 같은 인생을 보내고 싶어요. 개인상을 받아서가 아니라 FC바르셀로나라는 팀이 좋아요. 팀 동료와 훈련하고 매일 성장해요. 그 자체로 의욕이 생기죠. 골을 넣거나 기록을 경신하는 게 목표가 아니에요. 그건 그것대로 기쁘지만, 제 목표는 팀이 가져올 수 있는 트로피를 전부 획득해서 모든 영광을 손에 거머쥐는 겁니다."

메시는 13세 때 바르셀로나와 계약을 맺었다. 그 뒤 17세이던 2004년 1월에 B팀으로 옮겼고 얼마 뒤 A팀으로 올라갔다. 메시가 16세이던 2003년 11월, 바르사TV와 했던 인터뷰를 소개한다.

Q. 16세에 프로 계약을 했다는 건 대단하다. 어떤 의미인가?
다들 저처럼 어린 선수는 18~19세까진 프로 1군 팀에서 뛰지 못하리라 생각하겠죠. 스페인에서 그게 일반적이에요. 하지만, 아르헨티나에선 16세에 프로 데뷔하는 선수가 꽤 있어요. 아르헨티나의 클럽들은 돈을 덜 들이기 위해 구단의 유소년 선수들을 적극 기용하거든요.

Q. 바르사에 온 지 벌써 4년이다. 어려움이 있었다면?
첫해에는 거의 뛰지를 못해서 힘든 시간을 보냈어요. 부상 때문에 6개월이나 명단에서 제외되었죠. 복귀했다가 또 다쳐서 두 달을 더 뛰지 못했어요. 다음 시즌에서야 일이 잘 풀리기 시작했어요.

Q. 4년 전 입단 당시와 바뀐 점이 있다면?
처음에는 적응을 못했어요. 팀 동료들은 아주 친절했지만, 제가 숫기가 없어서요. 드레싱룸에서 전 아무 말도 안 했어요. 하지만 동료들 덕분에 점점 자신이 생겼고, 적응할 수 있었어요.

Q. 아르헨티나 사람들은 말이 많기로 유명한데, 메시는 참 조용하다.
맞아요. 다들 그렇게 말해요. 전 축구장에 있어야 모든 걸 잊어요. 축구장이야말로 제가 말할 수 있는 곳이에요. 경기를 즐기려고 합니다. 가끔은 경기가 안 풀리면 화가 나요.

Q. 언제부터 축구를 했나?
세 살부터 하지 않았나 싶어요. 우리 가족은 모두 축구를 좋아해요. 형과 사촌이 모두 축구를 했죠. 그래서 저도 축구에 쉽게 빠질 수 있었어요.

Q. 주로 스트라이커 바로 뒤에서 뛰는데, 그 포지션 마음에 드나?
제가 가장 좋아하는 자리예요. 미드필드 앞에서 뛰는 걸 좋아해요. 공을 자주 받고 드리블할 기회도 많으니까요. 지난 시즌에는 윙으로도 몇 게임 뛰었죠. 아주 즐겁지는 않았어요. 그래도 제가 뛸 수 있는 위치라면 어디서든 열심히 뛸 거예요.
저는 골을 넣는 것과 찬스를 만들어주는 것 모두 좋아해요. 그저 팀을 위해 최선을 다할 뿐이에요. 나보다 좋은 위치에 있는 동료를 보면 나는 그에게 패스할 겁니다. 그게 아니라면 제가 골을 노리겠죠.

Q. 앞으로 목표가 뭔가?
지금 뛰는 바르사 B팀에서 살아남아 퍼스트팀으로 올라가고 싶어요. 퍼스트팀 선수들과 함께 훈련하다보면 그런 마음이 더 강해져요.

호나우지뉴와
데뷔골

　FC바르셀로나의 전성기를 이끈 레전드 공격수 호나우지뉴는 한 유튜브 채널과 인터뷰에서 바르셀로나 후배 메시와의 우정에 관해 얘기했다.
　"메시와 나는 처음부터 친구가 됐어요. 그 당시 그는 아주 어렸죠. 나와 자주 어울렸고, 데쿠, 시우비뉴도 함께 다녔습니다. 나중에 우리는 같은 동네에서 살았어요. 친하게 잘 지냈죠."
　호나우지뉴가 바르셀로나에 입단했을 당시 2003년에 메시는 바르셀로나 유소년팀에 소속되어 있었다. 그러나 종종 성인팀에 불려가 1군 경기도 소화해냈다. 당시 만 16세였던 메시는 이미 바르셀로나 선수들 사이에서 유명한 존재였다.
　호나우지뉴는 당시를 떠올리며 "내가 바르셀로나에 왔을 때, 다들 메시에 관해 얘기하더군요. 우리 경기가 오후 4시였고 유소년팀 경기는 오후 2시였어요. 경기장도 바로 옆이었죠. 우리는 메시가 경기하는 것을 보왔고, 그가 뭔가 다르다는 걸 느꼈어요."

메시는 어린 나이임에도 1군 훈련과 경기에서 좋은 활약을 보여주며 신임을 얻었고, 결국 만 17세 나이로 2004-2005시즌 바르셀로나 1군 무대에 정식 데뷔했다. 당시 바르셀로나의 에이스 호나우지뉴는 어린 메시를 친 동생처럼 대하며 팀에 적응할 수 있도록 많은 도움을 줬다.

그는 과거 수줍음 많던 10대 소년 메시와 친해지기 위해 유치한 장난을 치기도 했다며 일화를 소개했다.

"메시는 매우 소심했어요. 나는 그에게 '우리랑 함께 있으면 좋을 거야, 근데 지금은 당장 가서 내가 마실 물 좀 떠와라'라고 말한 적이 있어요. 이것은 드레싱룸에서 자주 하는 일반적인 장난이었죠."

메시와 호나우지뉴는 2004년부터 2008년까지 바르셀로나에서 뛰면서 클럽의 역사를 새로 썼다. 2004년 10월 16일 메시는 에스파뇰전에서 프로 데뷔를 했다. 당시에 관해 메시는 이렇게 말했다.

"당시 데코와 교체로 들어갔는데, 무척 긴장했어요. 아주 어릴 때부터 꿈꿔왔던 순간이었기 때문이죠. 벤치에서 이름이 불렸을 때 안절부절못했어요. 하지만 동료들과 잘 해낼 자신은 있었습니다. 성인팀에 올라가기 전부터 훈련을 함께 해온 친구들이었거든요. 그날도 위화감 없이 뛰었어요. 그때까지 인생을 건 꿈이 이루어진 거죠. 나에게 정말 특별한 날이었어요. 지금은 아주 먼 옛날처럼 느껴집니다."

그리고 2005년 5월 1일 캄프누에서 메시의 데뷔골이 터진다. 친형처럼 믿고 따르던 호나우지뉴의 어시스트였다. 호나우지뉴가 전방에 있던 메시에게 공을 패스했고, 메시는 이를 받아 침숯으로 골을 넣었다. 득점 후 메시는 호나우지뉴의 등에 업혀 기쁨을 만끽했다. 이는 축구 역사상 오래 기억될만한 아름다운 골, 그리고 세러머니였다.

"바르사에서 넣은 첫 골이었죠. 캄노우에서 호나우지뉴, 푸욜 등 환상적인 선수들과 함께 뛸 수 있어서 두근두근했습니다. 솔직히 그 경기에서 내가 골을 넣을 줄은 상상도 못했어요. 기회가 오면 적극적으로 골을 노리겠다고만 생각했거든요. 호나우지뉴의 패스를 받아 골을 넣는 순간은 너무 기뻐서 아무 생각이 나지 않았어요."

메시와 호나우지뉴는 바르셀로나에서 함께 네 시즌을 보내면서 프리메라리가, UEFA챔피언스리그, 수페르코파데에스파냐의 우승컵을 수차례 들어 올리며 바르셀로나의 전성기를 이끌었다.

아주 긴
수면시간

    2010년 남아공 월드컵에서 베론은 메시가 잘 뛸 수 있도록 보살피는 역할을 맡았다. 그러나 아르헨티나 대표팀의 10번, 메시는 크로스바와 골키퍼를 향하는 슛만 했다.
    "컨디션이 나쁠 때, 메시는 다른 사람과 눈을 마주치려고 하지 않아요."
부에노스아이레스에서 베론은 말했다.
    "그럴 땐 혼자 놔두는 게 제일 좋죠. 방에 돌아가서 개가 초조해하면, 저는 밖으로 나가 있었어요."
    "메시의 여동생은 그가 컨디션이 나쁘면 소파에 드러눕는다고 하더군요. 메시도 낮잠을 좋아한다고 했구요."
나는 베론에게 말했다.
    "나하고 함께 있을 때도 그랬어요. 침대에 있는 시간이 길었죠."
    서른다섯 나이에 두 아이의 아버지이기도 한 베론은 밤 11시에 되면 잠자리에 든다. 남아공 월드컵은 베론에게 마지막 월드컵이었기 때문에 더욱더 휴식에 신경을 썼다. 그러나 친구와 캠핑하러 온 기분으로 합숙 생활을 보내던 메시는 늘 새벽 1시까지 안 자고 있었다.

"걔는 가만 놔두면 아침 10시, 11시까지 자요. 거기다 낮잠까지 자죠."

베론은 웃는 얼굴로 말했다. 마치 귀여운 조카를 한 달 만에 만나러 온 큰아버지 같았다.

"메시가 자는 시간은 믿을 수 없을 정도로 길어요. 제가 먼저 일어나서 소리를 내도 절대 잠을 깨지 않아요. 절대로요."

남아공에서 메시는 콜롬비아의 마약 밀매업자를 다룬「엘 카르텔」이라는 TV 드라마를 봤다.

"리모콘은 완전히 그 녀석 것이었죠."

베론이 불만스럽게 말했다.

베론이 경기에서 팀을 이끄는 동안, 메시는 방 침대에서 TV 채널을 돌리고 있었다. 아르헨티나 대표팀 선수들은 미드필더 하비에르 마스체라노가 가져온「엘 카르텔」DVD를 교대로 빌려서 봤다. 모두 그 드라마에 열중했다. 모두가 마약 밀매 TV 시리즈를 보려고 안달이었다.

"등장인물이 하나둘 죽고 새로운 인물이 등장해요."

베론이 설명했다.

"근데, 메시는 갑자기 내용이 무거워졌다면서 보다 말더군요."

둘의 방에 DVD를 가져오는 것은 메시의 일이었다. 메시는 1년 전에도 「로스트」와「프리즌 브레이크」를 보다 말았다. 그는 결말을 스스로 바꿀 수 있는 게임을 더 좋아한다.

베론은 메시가 어린 시절부터 이어온, 낮잠 자는 습관에 놀랐다고 한다. 통계에 따르면 경기력이 뛰어난 운동선수는 대회가 가까워지면 스트레스 탓에 4~5시간밖에 못 잔다고 한다. FC바르셀로나가 2003년 8월에 남긴 기록에 따르면 당시 16살이었던 메시의 몸무게는 62.7*kg*이었다. 측정 전날은 '밤에 10시간, 오후에 낮잠 1시간' 잤다고 쓰여 있다. 당시 바르사 유소년팀에 소속된 선수들은 감독에게 수면시간을 보고할 의무가 있었다. 메시는 칸테라(FC바르셀로나의 유소년 선수 발굴·육성 시스템. 스페인어로 채석장을 뜻함)에서 가장 재능 있는 선수임과 동시에 또래 아이 중 가장 수면시간이 긴 선수였다.

마라도나의 개인 피지컬 트레이너로 일하는 페르난도 시뇨리니는 남아공 월드컵에서도 아르헨티나 대표팀과 함께했다. 그에게 메시라는 존재는 풀 수 없는 수수께끼라고 했다.

"경기장에서 메시의 활동량은 마라도나보다 많습니다."

시뇨리니는 부에노스아이레스에서 나에게 말했다.

"저렇게 공을 발에 붙여서 드리블하려면 굉장히 빠른 리듬의 스텝이 필요해요. 어떻게 저럴 수 있는지 모르겠어요."

축구에 관해서라면 알만큼 아는 시뇨리니에게 메시는 갑자기 나타난 초자연현상이었다.

"워밍업할 때, 메시는 가까운 공터에 축구를 하러 가는 사람처럼 차분했어요."

경기장에 들어가기 직전이 되어도 라커룸에서 메시가 긴장하는 일은 없다. 그러나 그런 선수가 메시만 있는 것은 아니다. 윔블던 결승전을 앞둔 유명한 테니스 선수 보른 보르그의 맥박은 1분당 60회 미만이었다고 한다. 보통 선수라면 100을 넘었을 것이다. 한편, 아르헨티나 대표팀에서 마라도나와 함께 뛰었던 호르헤 발다노는 마라도나가 중요한 일전을 앞두고 긴장해서 "엄마, 무서우니까 도와줘" 하고 어머니에게 도움을 구하는 모습을 봤다고 했다. 시뇨리니는 마라도나가 팀 동료들의 관심을 끌기 위해 연기했다고 했다.

"자신의 정신 상태를 능숙하게 연기하는 선수도 있습니다. 그러나 메시의 경우는 달라요. 그는 걱정하는 빛이 없었어요. 저런 타입의 선수는 말이 필요 없죠. 남들이 원하는 생활이나 플레이를 하려고 노력하는 선수는 아주 많지만, 메시 같은 선수는 자기 좋을 대로 생활하고 플레이해요."

마라도나는 메시처럼 가장 늦게 일어나는 선수였고, 경기에 관해서는 완전히 잊어버린 것 같았다고 했다.

"메시를 깨우는 일은 누가 했죠?"

베론에게 물어봤다.

"메시는 체력단련실에 가고 싶다면서 나하고 마사지사에게 아침에 깨워달라고 했어요. 스스로 잘 못 일어나요."

월드컵의 주역이라는 사실이 경기를 앞둔 메시를 몰아붙이지는 못했다.

"메시는 라커룸 구석에 앉아만 있고 아무것도 안 해요. 테이핑도 안 하고 정강이 보호대도 안 차요. 월드컵 8강전 때도 걔는 동네 친구와 노는 느낌으로 임했어요."

힘든 것은
사람들의 시선

남아공에서 메시가 23살 생일을 맞을 무렵, 아르헨티나 대표팀은 우승 후보 중 하나로 꼽혔다. 그리고 골은 넣지 못하고 있었지만, 바르사의 슈퍼스타 메시는 무패를 자랑하는 아르헨티나 대표팀 내에서도 눈에 띄는 존재였다. 그리스전을 이틀 앞두고 마라도나 감독은 어떤 지시를 내리기 위해 메시를 불렀다. 주장 완장을 그에게 주려고 했던 것이다.

"그리고 나서 이틀 동안, 나는 처음으로 메시가 긴장하는 모습을 봤어요."

메시는 리더가 짊어질 책임보다도 동료들 앞에서 팀의 사기를 높이는 연설을 해야 한다는 데 부담을 느끼고 있었다.

"걔는 이틀 동안 계속 어떻게 말할지 고민했어요. 저에게도 '뭐라고 말해야죠?' 하고 물어보길래 '느낀 대로 말하면 나머지는 자연스럽게 나와. 간단한 일은 아니지만'이라고 말해줬죠."

블랙베리의 저편에서 메시가 우리 이야기를 듣고 있는 느낌이 들었다. 블랙베리 화면에 아직 커서가 점멸하고 있어서 메시와 계속 채팅할 수도 있었다. 프로필 사진에서 메시는 말없이 웃음 짓고 있었다.

마라도나가 메시를 당황하게 한 것은 이번이 처음이 아니다. 메시가 처음 마라도나와 만난 곳은 마라도나가 MC를 맡았던 아르헨티나 TV 프로그램에서였다. 당시 18세였던 메시의 이름이 아르헨티나에서 막 알려지기 시작할 무렵이었다. 「(등번호) 10번의 밤」이라는 프로그램에서 영원한 10번, 마라도나는 미래의 10번과 축구공으로 테니스 대결을 했다.

"저는 대기실에서 마라도나에게 사인과 사진을 어떻게 부탁할지 아버지, 사촌 형, 큰아버지와 이야기하고 있었어요. 그러던 중에 갑자기 마라도나가 문을 열고 들어왔죠."

메시는 당시를 이렇게 회상했다.

"우리는 긴장해서 아무것도 부탁하지 못했고, 그 사이 마라도나는 나가버렸어요."

그리고 5년 뒤, 월드컵을 앞두고 메시는 다시 긴장했다. 마라도나와 처음 만났을 때는 메시가 풋볼 테니스 경기에서 이겼지만, 그 뒤로 마라도나의 존재는 그를 계속 압도했다. 마라도나는 메시에게 주장 완장을 줘서 그의 의욕을 높이려고 했고, 세상 사람들도 메시에게 걸맞은, 미리 주는 생일선물이라고 거들었다.

이미 대표팀 주장을 경험했던 베론에게 그것은 새로운 책임을 의미했다. 호텔 방에서 어쩔 줄 모르는 메시를 상대로 리더로서 어떻게 행동해야 하는지 가르쳐야 했기 때문이다. 주장이라는 명예가 주는 중압감 앞에 메시는 할 말을 잃었다. 문자 메시지로 연설할 수도 없는 노릇이었다.

3년 전, 다른 TV 프로그램에 출연한 마라도나는 메시가 '위대한 아르헨티나 대표 선수'가 되기 위해 필요한 요소를 다 갖추고 있다고 말했다. 아울러 존재감이 부족하다는 점도 지적했다.

"그가 좀 더 리더다워지면, 아르헨티나 대표팀을 남아공 월드컵 우승으로 이끌 겁니다."

"메시에겐 리더십이 부족하다고 생각하나요?"

진행자 마르셀로 티넬리가 질문했다.

"맞아요. 존재감이 부족해요. 그것 말고는 다 갖췄어요."

거울을 들여다보듯이 마라도나는 자기 자신의 모습을 메시에게서 찾으려고 했다. 메시는 19세의 나이로 월드컵에 첫 출전했다. 마라도나가 스페인 월드컵에서 뛴 것은 21세 때였다.

"메시에게 주장을 맡겼을 때, 마라도나 감독은 그 나이 때의 자신을 메시에게 투영하고 있었어요."

피지컬 트레이너, 페르난도 시뇨리니는 말했다.

"그리스전에서 마라도나는 자기 자신에게 주장 완장을 준 셈이죠."

주장이라는 자신의 모습을 메시에게 투영한 감독은 지금까지 아무도 없었다. 주목받는 것을 꺼려하는 메시 같은 사람에게 웅변과 리더십이 요구되는 주장 완장은 단순한 스트레스가 아니다. 왕위계승은 축구뿐 아니라 왕정 세계에서도 항상 분쟁을 야기해 왔다.

"결국, 메시는 라커룸에서 동료들에게 연설을 했나요?"

"조금요. 하지만 어떻게 이어갈지 몰라서 금방 막혔죠."

베론은 단어를 고르면서 신중히 이야기했다. 그는 팀의 내부 사정을 쉽게 발설하려고 하지 않았다.

"아주 긴장했다더군요. 그리고 우리는 경기장에 나갔어요."

베론은 메시를 자기 동생이나 조카로 대하듯이 말했다. 남아공 월드컵 그리스전에서는 원래 베론이 주장을 맡을 예정이었다.

"사실 내가 주장이 될 예정이었는데,"

베론이 웃으며 말했다.

"마라도나 감독님이 저에게 말했어요. '메시에게 맡기면 어때?' 하고요. 저는 '좋아요. 감독은 당신이니까'라고 답했죠. 전 특별히 거기에 반대할 생각은 없었어요."

인간은 대단한 일과 마주하면 대개 감동하지만, 개중에는 그것을 고통으로 받아들이는 사람도 있다. 메시는 필드 위에서 베론과 대결한 적이 있다. 내가 그 이야기를 꺼내자 베론은 눈썹을 치켜 올리고 뒤로 물러섰다. 그것은 2009년 아랍에미리트의 수도 아부다비에서 열린 경기였다. 아랍에미리트의 관중들은 메시의 이름을 연호했다.

"그날 밤, 메시는 초조해했어요."

기억을 더듬으면서 베론은 말했다.

"전 메시를 잘 알아요. 그날 걔는 경기를 잘 못했어요."

그날, 아부다비 스타디움의 관중석은 만원이었다. 리오넬 메시는 10번 형광 핑크색 어웨이 유니폼을 입고 경기장에 섰다. 한편, 베론은 왼팔에 에스투디안테스의 주장 완장을 차고 있었다. 그들이 뛰는 무대는 클럽월드컵 결승전이었다. 남미 챔피언이 유럽의 최고 선수들과 우승을 놓고 벌이는 경기였다. 은퇴할 나이가 가까운 베론에게 이 경기는 그의 아버지가 거머쥐었던 트로피를 가져올 마지막 기회였다. 프로 축구선수이었던 베론의 아버지는 30년 전에 같은 팀에서 이 타이틀을 거머쥐었다. 물론 그것은 베론 쪽 사정일 뿐이었고, 메시에게는 시즌 여섯 번째 트로피가 걸린 경기였다.

"전 잘 될 것 같다고 생각했어요."

베론은 힘주어 말했다.

"저는 팀 동료들에게 '메시를 마크해. 자유롭게 두지 마'라고 했어요. 헌데 걔는 1초의 틈을 찾아냈죠."

연장전에서 메시는 뒤에서 온 패스를 가슴으로 받아서 밀어 넣는, 독특한 골로 2-1을 만들었다.

상대팀 서포터들에게서 박수를 받는 선수는 그리 많지 않다. 마라도나와 호나우지뉴는 바르셀로나에서 뛸 때, 숙적 레알마드리드의 홈구장인 산티아고 베르나베우를 열광시켰다. 메시는 비센테 칼데론 구장에서 아틀레티코마드리드 서포터들로부터 박수갈채를 받았고, 2008년, 브라질 벨로 호리존테의 미네이라오 스타디움에서도 이례적인 관중 반응을 이끌어냈다. 브라질 관중들이 일어나서 아르헨티나 대표팀 유니폼을 입은 메시의 이름을 연호했던 것이다.

아부다비 사막의 건조한 더위에 둘러싸인 그 날 밤, 메시는 대회 최우수선수에, 베론은 두 번째로 우수한 선수에 뽑혔다.

"경기 끝나고 메시가 당신에게 무슨 말 했나요?"

"아뇨. 걔도 저를 잘 아니까요. 그때 저는 우울했고 슬펐어요. 메시는 제

근처에도 오지 않았지만, 그 편이 더 좋았죠."

아부다비에서 경기가 끝나고, 에스투디안테스의 연고지인 아르헨티나의 라플라타 시에서는 온 도시의 외벽이 메시를 헐뜯는 말로 도배가 되었다. 대표팀에서는 골을 잘 못 넣는 선수가 아르헨티나의 국민 팀에게는 골을 넣고 클럽월드컵 우승을 가져간 것이다. 베론을 존중해서인지 어색해서인지, 메시는 베론에게 위로의 말을 전하러 가지 않았다. 그런 자신의 태도가 도발로 해석될지도 모른다는 사실을 메시는 알지 못했다.

베론은 민머리를 흔들며 메시와 지낸 나날을 회상하려는 듯이 눈을 가늘게 떴다.

"메시는 남의 시선을 부담스러워했어요."

남아공 월드컵이 끝난 뒤, 프리토리아 스포츠 센터에서는 선수들과 가족, 연인 사이에 면회를 허용했다. 많은 사람을 부담스러워하는 메시는 면회 시간이 끝나기를 자기 방에서 기다렸지만, 저녁 시간이 되어도 식당으로 가는 복도에는 아직 몇 명의 가족들이 남아 있었다.

"제가 밥 먹으러 가자고 해도 걔는 부끄러우니까 다른 곳으로 돌아서 가자고 했어요. 그건 메시 성격이 나쁜 게 아니라 내성적이기 때문이에요."

메시의 이런 성격 탓에 과거 아르헨티나 대표팀을 지도했던 알피오 바실레 감독도 메시가 리더감은 아니라고 말했다.

"메시는 리더십이 부족하다. 기량은 마라도나보다 앞서지만 마라도나는 야만적인 전략가였다. 그러나 메시는 자신이 공을 가지고 있지 않으면 걷는다."

눈에 띄지 않는
소년

  사람들은 메시를 스타로, 때로는 자기 존재를 드러내려 하지 않는 청년으로 기억한다. 그것은 5년 동안 매일 메시를 본 사람들도 마찬가지다.
  내가 FC바르셀로나의 라마시아에서 나올 때, 교사 보나스트레는 관광안내원처럼 식당으로 안내해주었다. 삼각건과 앞치마를 두른 여성이 비닐 보가 깔린 테이블에 식기를 놓았다.
  "오늘의 메뉴는 카르보나라 파스타입니다."
  호세피나 브라살레스는 말했다. 그녀는 소년들에게 20년 동안 쭉 균형 잡힌 식사를 내주고 있다. 나온 음식은 메시가 전에 먹었던 메뉴였다. 식당 일을 하는 브라살레스는 라마시아에서 가장 오래 일하고 있는 직원이며 어린 선수들은 애정을 담아 그녀를 "호세피니타(호세피나의 애칭)"라고 불렀다. 그냥 "엄마"라고 부르는 선수들도 있었다.
  "메시도 당신을 엄마라고 불렀나요?"

"아뇨. 그 애는 아주 진중했어요. 딱 정석대로였죠."

그녀는 기억 속의 메시에 관해 조심스럽게 이야기했다.

"제가 기억하는 건 먹는 게 아주 느렸다는 거죠. 늘 마지막까지 남아서 먹고 갔어요. 채소와 생선은 잘 안 먹고 감자튀김이나 고기는 잘 먹는 건, 다른 선수들과 똑같았어요."

라마시아의 식당 직원들은 소중한 다이아 원석을 가꾸는 일을 자랑스러워했고, 메시 같은 스타 선수들의 존재는 그들에게 한층 자긍심을 심어주었다. 한창 먹을 때인 소년들의 입맛에 맞도록 브라살레스와 종업원들은 시금치와 생선 토막 등의 음식에 최대한 주의를 기울였다.

브라살레스가 담당하는 이 식당에는 일반 학교와 같은 규칙이 있어서 메시도 따라야 했다. 식당에서는 오는 순서대로 사이를 두지 않고 앉아서 오늘의 메뉴를 조용히 먹어야 했다. 채소는 월·화·수·목에 나왔고 소고기, 양고기, 닭고기는 금·토·일에 나왔다. 생선은 1주일에 두 번, 샐러드는 매일 나왔다.

메시도 다른 소년들과 마찬가지로 과자를 먹는 것은 금지되었다. 라마시아에서 과자를 살 수 있는 시간은 주말뿐이다. 선수들은 구단에서 유일하게 지급되는 월 50유로의 용돈으로 쇼핑한다. 아르헨티나 사람인 메시는 알파호르(아르헨티나의 초코파이)나 캐러멜크림에 사족을 못 쓴다. 그는 아버지와 살고 있기 때문에 구단에서 용돈을 받지 못했다. 메시가 고향의 맛을 느낄 기회는 로사리오에서 가끔 보내오는 크루아상을 살짝 베어 무는 때 정도였고, 그 이외의 날은 주방 벽에 셀로판테이프로 붙어 있는 메뉴를 잠자코 먹을 수밖에 없었다.

"여기는 공장 같은 곳이에요."

유명한 축구선수와 같은 이름을 가진 대머리 남성이 말했다.

"여기에서 우리는 축구선수와 인간을 만들고 있습니다."

브라살레스는 주방을 안내해주는 김에 이 남성을 소개해주었다. 라마시아의 요리사 페르난도 레돈도였다.

"메시에 관해 기억하는 건 스쿨버스에서 늘 마지막에 내린다는 것뿐이에요. 걔가 식당에 들어올 때는 자리가 거의 다 찼지요."

유령이 보이는 사람처럼 레돈도는 자연광이 내리쬐는 구석 테이블을 가리키며 저기에 메시가 앉았다고 말했다. 그 옆에는 낡은 테이블 사커 게임기가 있었다. 호세피나 브라살레스는 애들이 그 게임을 할 수 있는 시간은 디저트를 먹고 난 뒤나 휴일뿐이라고 설명했다. 두 사람이 말해주지 않은 건 메시처럼 식당에 늦게 온 선수들이 게임을 제일 먼저 할 수 있다는 사실이었다. 지각생들이 전략적으로 선호하는 식탁은 게임기와 가까운 4번 식탁이었다.

필드 밖의 메시처럼 느릿느릿한 행동이 실은 목표로 향하는 진짜 지름길일지도 모른다. 그러나 오늘 식당에 들어온 소년들은 배고픈 탓인지 재빨리 움직였다. 그들은 학교에서 스쿨버스를 타고 라마시아로 막 돌아온 참이었다. 요리사 레돈도가 끓는 물에서 파스타를 꺼내는 동안, 브라살레스는 의자를 끌고 떠드는 소리가 시끄럽다고 불평하고 있었다. 식당의 또 다른 규칙은 얌전히 먹는 것이다. 아무도 휴대전화를 쓰면 안 된다. 어린 메시도 그와 세상을 연결하는 블랙베리 전원을 꺼야 했다.

"왁자지껄 소란스럽게 들어와서 게걸스럽게 먹을 때도 있는데요. 처음

주의를 준 애에게는 벌로 식당 청소를 시키고 있어요."

"메시에게 시킨 적도 있나요?"

"한 번도 없어요. 있으면 기억했겠죠."

브라살레스는 웃음 지었다. 그리고 어린 시절의 메시를 아는 사람들이 꼭 하는 말을 되풀이했다.

"메시는 눈에 띄지 않는 애였거든요."

라마시아의 예비 스타들은 강아지처럼 웃거나 장난치고 농담하면서 논다. 아이들 대부분은 스페인어가 아닌 억양으로 이야기했다. 메시가 오기 전, 바르사의 유소년팀에서 뛰는 외국인 선수의 비율은 20%도 되지 않았다. 하지만 지금은 브라살레스가 보살피는 소년 중 반 이상이 외국인이다.

"인류의 기원과 축구의 미래는 아프리카에 있다."

멕시코 작가 후안 비요로는 저서 『신은 둥글다』에 이렇게 썼지만, 카메룬 출신의 소년이 대부분을 차지하는 라마시아에는 이미 그 미래가 온 것 같다.

바르사에서 활약했던 공격수 사무엘 에투의 축구학교와 바르사가 제휴를 맺은 덕택에 그들은 이곳에 올 수 있었다. 브라살레스는 "엄마"라고 불리면 푸근한 마음이 든다고 한다. 이 소년들이 전화나 이메일로밖에 어머니와 연락할 수 없다는 것을 알기 때문이다.

FC바르셀로나는 미성년자들에게 교육과 보호를 약속한다. 축구 시장 관련 통계를 보면 약 2만 명의 아프리카 선수들이 구단과의 계약이 종료되면 무적(無籍) 신세로 유럽에서 그대로 미아가 된다고 한다. 때문에

FIFA는 10세 이하 미성년자들의 국제 이적을 금하는데, 다음의 3가지 경우는 예외로 했다. 즉, 메시처럼 선수의 부모가 아들이 축구를 하는 나라로 거주지를 바꿀 경우, 이적이 유럽 연합 혹은 유럽 경제 공동체 내에서 인정된 경우, 이웃 국가에 있는 선수의 거주지가 소속 구단에서 최대 100 km 거리 이내에 있을 경우다. 당시 라마시아에서 가장 어린 선수는 카메룬에서 온 11살 소년이었다. 브라살레스가 가장 아끼는 소년으로 모두가 "카마라"라고 부른다. 메시와 달리, 다른 동료들처럼 부모 없이 바르셀로나에 왔다.

리오넬 메시는 바르사가 세운 칸테라 개선 계획의 성공을 상징하지만, 메시와 같은 행운을 누린 소년은 거의 없다.

"아이들에게 하는 투자는 훌륭한 사업입니다. 오늘날 바르사가 보유한 선수단이 시장에서 어느 정도 가치인지 아세요?"

보나스트레가 말했다. 보나스트레는 어린 선수를 키우는 일이 장기적으로 원금을 회수할 수 있는 비즈니스라는 점을 알고 있었다. 2011년, 훈련장 터에 구 라마시아를 대체하는 5층짜리 새 건물이 완성되었다. 바르사는 지금까지 수백 명이 넘는 소년들의 육성에 10년 동안 1억 3,700만 유로를 투자했는데, 만일 지금 메시가 이적하면 그것만으로 2억 5,000만 유로를 손에 넣을 수 있다. 그것은 특수효과를 쓴 헐리우드 영화의 제작비에 필적하는 금액이었다. 보나스트레는 데려온 소년을 교육하지 않다가 2년 지나서 부모에게 장래성이 없다고 말하는 것은 구단이 해서는 안 되는 행위라고 말했다.

메시는 신동이라는 평가에 머물지 않고 라마시아를 가장 먼저 떠났다.

그는 16세에 바르사 1군 무대에 데뷔했다. 보나스트레의 말에 따르면, 라마시아에 온 소년들 중, 스포츠계에서 코치나 트레이너로 일하면서 감독이 되는 비율은 고작 30%라고 한다. 유소년팀에서 성인 프로 무대까지 도달하는 선수는 20명 중 2명 정도로 극소수이다.

브라살레스의 기억 속에서 눈에 띄지 않는 소년이었던 메시는 2003년 11월, FC포르투와의 친선경기에서 성인 무대 데뷔전을 치렀다. 그를 뛰게 한 것은 당시 감독이었던 프랑크 레이카르트였고, 메시는 드래곤 스타디움의 개장 경기에서 주목을 끌었다.

100년이 넘는 바르사의 역사 속에서 메시보다 어린 나이로 성인 무대 1군에 데뷔한 선수는 단 두 명밖에 없다. 1912년의 파울리뇨 알칸타라와 90년대 말에 루이스 판할 감독이 기용한 하루나 바방기다이다. 성인 무대 데뷔 후 메시는 자연스럽게 어린 선수들의 집합소인 라마시아 건물에 이별을 고했다.

"사무실 의자에 앉은 그는 하고 싶은 말이 있다고 했어요."
"그게 뭐였나요?"
나는 보나스트레에게 물었지만, 그는 잘 생각나지 않는 것 같았다.
"저에게 뭔가 질문하려고 왔던 것 같아요. 아마 메시 나름의 감사 표시였을지도 몰라요."

보나스트레는 명성을 거머쥔 제자 메시의 침묵을 감사의 표시라고 해석했다. 그러나 베론의 경우는 메시에게 어떤 문자가 오든지간에 그 괴로운 경험을 잊지 못한다. 그것은 자신의 마지막 월드컵을 함께 뛴 세계 최고의 선수가 1골도 못 넣었다는 사실이었다. 마라도나 감독은 베테랑 미드필더의 영향력을 기대했지만, 메시는 고립되었고 골을 넣지 못한 채 대회를 마쳤다.

"마라도나가 저에게 뭘 기대했는지 모르겠습니다."

베론은 마라도나에 관해 말했다.

"어쩌면 뒤에서 도와주거나 말을 걸어주는 일이었는지도 모르겠어요. 저는 메시를 잘 아니까요."

그것은 아들의 교육에 쏟은 노력이 결실을 맺지 못한 아버지의 한탄임과 동시에, 은퇴를 앞두고 원하는 성과를 내지 못한 축구선수의 아쉬움이기도 했다.

그의 블랙베리 화면에는 여전히 메시가 소파에서 웃으면서 개와 뒹굴고 있었다.

메시는 보나스트레에게 한 번도 이메일이나 문자를 보낸 적이 없다.

베론은 아르헨티나에서 메시에게 마지막 문자를 보냈다.

"너 주말 경기에서 또 실수했더라."

베론이 지금도 메시를 도발하는 것은 자신의 리더십을 재확인하기 위함일지도 모른다. 사실 메시는 실수는커녕, 코펜하겐전에서 두 골을 넣었다. 베론은 메시의 반응을 보고 싶을 뿐이었다.

"네. 행운이었어요."

메시는 마치 자신의 플레이가 모두 우연이었다는 듯이 답했다.

베론은 웃는 얼굴의 이모티콘을 보냈다. 휴대전화는 다시 침묵했다. 메시는 뭔가 보낼 말을 생각하고 있거나 아니면 그대로 대화를 끝냈을지도 모른다. 작별할 때 붙임성 있게 인사를 하는 일은 그에게 쉽지 않다. 게다가 메시는 말주변이 없어서 설령 말을 해도 주변 사람이 그것을 정확히 기억하지 못한다. 그런 그에게 채팅이란 인사 없이 떠날 수 있는 이상적인 시스템이 아닐까.

MESSI INTERVIEW

"동료 중 나하고 제일 친한 사람은 다니 아우베스예요. FC바르셀로나에 들어온 뒤로 쭉 오른쪽 사이드를 함께해 왔으니까요. 경기장 안에서도 밖에서도 오랫동안 같이 있어요. 서로 어떤 플레이를 펼칠지 잘 아니까 경기 중에 큰 도움을 받고 있죠."

"피케는 소문처럼 농담을 자주 하느냐구요? 그가 원맨쇼 하는 때도 있지만, 경기장에선 진지해요. 축구에서 피케에게 어울리는 말은 '진격', '하드워크'예요."

의욕이 없는
소년

　리오넬 메시는 가십을 공장처럼 대량생산하지는 않았지만, 광고업계 관계자들 사이에서는 함께 일한 유명인에 관해 늘 소문이 돌기 마련이다. 그 중에 메시가 제작팀 스태프처럼 행동한다는 기묘한 평판이 있었다. 그는 전에 FC바르셀로나에서 뛴 스페인 대표팀 공격수 다비드 비야와 함께 다논의 바닐라 디저트 CF에 출연한 적이 있다. 당시 촬영은 공을 차면서 카메라를 보고 말하는 내용이었다. 비야는 디렉터의 설명에 주의 깊게 귀를 기울였고, 그래서 촬영 시간이 메시 때보다 2시간 더 걸렸다. 메시 때는 전용 대기실이 마련되어 있었지만, 메시는 그곳을 쓰지 않고 밖에서 유니폼을 갈아입었다. 4시간 촬영하는 동안 메시가 한 말은 단 한 마디.
　"앉아도 돼요?"
　오늘 메시는 바르셀로나의 올림픽 스타디움에서 스파이크 TV CF 촬영에 임하고 있다. 크리에이티브 디렉터는 움직임이 적은 장면부터 촬영하기로 했다. 메시는 여전히 다리를 절고 있었다. 디렉터는 공을 차는 장면은 마지막에 촬영한다고 그에게 알렸다.

이제부터 배우 메시가 연기할 장면은 라커룸과 그라운드를 잇는 터널 속을 걸어가서 관중석의 서포터에게 큰 환성을 받는 장면이었다. 역광에 드러난 세트는 마치 타임터널 같았다. 메시는 하늘색 줄무늬의 아르헨티나 유니폼을 입고 있었다. 17세 때 처음 입은 것과 같은 색이었다. 당시 그는 세상에 전혀 알려지지 않은 선수였다.

그의 머리 위에 있는, 콘크리트로 된 관중석에서는 배우와 촬영 어시스턴트들이 열광적인 서포터를 연기하기 위해 대기하고 있었다. 그러나 메시는 그걸 봐도 무관심했다.

"평범하게 걸어주세요. 평상시 필드에 들어설 때처럼요. 머리만 살짝 들어주세요."

디렉터가 메시의 움직임을 지시했다.

그들이 메시에게 요구하는 것은 싸움을 두려워하지 않는, 위풍당당한 표정이었다.

"카메라는 당신을 정면에서 비출 거예요. 알겠죠?"

과묵한 메시는 답변을 기다리는 사람을 불안하게 한다. 디렉터는 자기 지시가 잘 전달되고 있는지 걱정하지만, 메시는 단지 "액션!"이라는 소리를 기다릴 뿐이었다. 필드에서 그가 보여주는 직선적인 플레이는 사생활에서도 나왔다. 골을 위해서건 CF촬영을 위해서건 그는 늘 가장 짧은 길을 선택한다. 그 길에서 스쳐지나가는 사람들과 나누는 대화란 그를 귀찮게 하는 추가 작업일 뿐이었다.

리오넬 메시에게는 벼룩이라는 별명이 있지만, 결코 누군가에게 기생하지는 않는다. 옛날부터 메시는 공을 받으면 발에 붙이듯이 다루면서 골문으로 돌진한다. 득점하는 순간까지 그는 거기에 몰두해서 모든 것을 잊는다. 그리고 골네트를 출렁이게 한 뒤, 다시 현실로 돌아오는 것이다.

경기장 밖으로 나가면 내성적인 성격 탓에 메시는 남들과 능숙하게 어울리지 못한다. 바르셀로나에 온 이후, 유소년팀 동료들과 이야기할 수 있기까지 그는 1년 이상 걸렸다. 대답은 늘 단답형이었다. 라파엘 블라스케스라는 팀 동료만이 유일한 말상대였다.

메시와 블라스케스는 항상 함께였다. 그들은 4년간 라마시아의 엄격한 생활을 함께했다. 중학교 수업에서는 옆에 앉은 짝꿍이었고 라마시아에서는 균형 잡힌 점심식사를 함께 먹고 팀에서는 같은 포지션을 놓고 경쟁했다. 블라스케스는 다른 2명의 소년들과 라마시아의 방에서 잤지만, 메시는 아버지와 사는 멘션에서 자고 왔기 때문에 라마시아에 자기 침대가 없었다. 그래서 낮잠 시간이 되면 메시는 늘 블라스케스의 침대를 빌려서 잤다. 다른 침대에서는 자려고 하지 않았다.

"내 룸메이트의 침대 시트를 구기면 어쩌나 마음 쓰였겠죠."

블라스케스는 말했다.

새롭게 팀에 합류한 메시는 연습 첫날에 테스트를 받게 되었고, 블라스케스와 3명의 선수가 메시를 맨마크하는 역할을 지시받았다. 후에 MVP가 될 메시에게서 공을 빼앗으려고 그들은 수차례 발을 뻗었지만, 메시는 좀처럼 넘어지지 않았다. 그러나 몸이 아무리 튼튼해도 마음은 아이처럼 순박했다.

"점심 식사를 남기곤 했어요."

블라스케스는 회상했다.

"모르는 사람하고 식당에 남는 걸 싫어해서 기다려달라고 자주 부탁했죠."

운동장에서는 압도적인 스피드를 자랑하는 메시이지만 먹는 것은 느렸다. 그의 성장과정은 필드 위의 성장한 메시를 필드 밖의 소년 메시가 쫓아가는, 승산 없는 경주 같았다. 새로운 나라, 새로운 팀, 그리고 과거에 두 번, 세계 정상에 오른 모국 대표팀. 메시는 5년이 채 안 되는 시간에 그 모든 것에 순응할 수 있음을 증명해야 했다. 스페인에 온 메시가 따라야 할 일은 라마시아의 엄격한 규칙만이 아니었다. 구단은 고등학교 졸업을 조건으로 내걸었기 때문에 메시는 골을 넣는 한편, 수학 시험도 봐야 했다.

메시는 책을 가지고 다녀야 한다고 생각하는 일조차 어려워했다. 학교 공부는 공을 지배할 때 이상의 기술이 필요했다. 메시가 다닌 곳은 '레온 8세'라는 학교였으며 그는 그곳에서 카탈루냐어를 배워야 했다. 프랑스어를 가르치는 여교사 마리벨 파스쿠알은 메시의 학업 조언자이기도 했다. 메시는 부모, 여동생과 함께 처음 이 학교를 방문했다. 당시 바르셀로나에 정착할 생각이었던 부모는 아들이 다닐 교실을 보러 학교에 왔다. 후에 메시는 여기에서 조는 일을 반복했다.

"아주 예의 바른 분들이었어요."

프랑스어 교사는 말했다.

"아드님을 어떤 일정으로 가르칠지 알고 싶어 하셨죠."

마리벨 파스쿠알의 목소리는 다정하기도 했고 엄격하기도 했다. 오른 손목에 찬 팔찌가 흔들릴 때마다 소리가 나서 그 엄격함을 두드러지게 했다. 그녀는 교사 인생의 절반을 메시가 4년 동안 다닌 이 교실의 수업에 쏟았다. '레온 8세' 학교는 50년 전부터 공부와 훈련을 양립해야 하는 엘리트 스포츠 선수를 위해 학업을 지원했다. 학교 입구에는 멋진 목제 계단과 기둥이 있어서 신성한 분위기를 자아내고 있었다. 파스쿠알의 역할은 지구가 둥근 까닭이 축구 때문이라고 믿을 것 같은 소년들을 교육하는 일이었다.

"메시는 늘 뒷자리에 앉았는데, 제가 일부러 앞자리로 옮기라고 했어요."

블라스케스와 파스쿠알은 메시가 시험에 합격한 모습을 본 적이 없다고 했다. 파스쿠알은 초등학교 담임교사가 메시를 심리상담사에게 데려가라고 부모에게 권했다는 이야기를 몰랐다. 하지만 그녀도 학교에 있는 상담사에게 메시를 보냈다.

"결국 본인이 공부에 흥미가 없으면, 어찌 할 방법이 없어요."

파스쿠알은 포기한 듯이 말했다.

"그래도 저는 메시와 몇 번이나 얘기했어요. 걔는 착한 애예요. 겉과 속이 다르지 않고 잘난 척한 적도 없어요."

초등학교 담임교사였던 모니카 도미나는 메시를 조용한 리더로 기억했지만, 파스쿠알의 의견은 달랐다.

"저는 메시가 리더라고 느낀 적이 없어요. 주위에 휘둘리기 쉬운 애였거든요. 가령 누가 장난을 쳐도 메시가 주동자였던 적이 없어요. 걔는 단지 그 자리에 있을 뿐이었어요."

오늘 메시는 TV카메라 앞에서 당당하게 자세를 취하고 있다. 모두가 기억하는 어린 시절의 메시는 동작이 느리고 존재감이 없는 소년이었다. 블라스케스는 수업 중, 책상에 엎어져서 9시부터 11시까지 자는 메시를 봤다고 했다. 라마시아의 요리사가 기억하는 메시는 점심시간, 식당에 가장 늦게 왔다. 컴퓨터 교사는 메시가 의욕이 없는 아이였다고 했다. 프랑스어 교사도 의욕이 없는 아이라고 묘사했다. 베론은 월드컵 기간 숙소에서 지낼 때, 침대에서 잘 나오려 하지 않는 메시의 모습을 회상했다.

축구의 천재에게 공이 없는 생활은 지루할 따름이었다. 아주 일상적인 동작조차 귀찮아했던 것이다.

MESSI INTERVIEW

"돈은 동기부여 요소가 되지 못합니다. 돈은 제게 스릴을 주지 못하고, 더 나은 플레이에 영향을 주지도 않습니다. 돈은 그저 부자가 되는 데 도움이 됩니다. 저는 단지 공이 제 발에 있을 때가 가장 행복합니다. 만약에 제가 축구선수로서 수입이 없더라도 저는 기꺼이 공짜로 뛸 거예요."

변함 없는
마음가짐

   메시가 이 세상에 태어나기 1시간 전, 의사는 어머니에게 출산을 앞당길 필요가 있다고 알렸다. 태아의 맥박수가 너무 낮았고 탯줄이 엉켰을 가능성이 있었기 때문이다. 초등학교 시절의 메시는 키가 작아서 언제나 줄 맨 앞에 섰다.

   15살 때 성장호르몬 치료를 마친 메시에게 바르사의 코치진은 맞춤 피지컬 프로그램을 준비했다. 2002년 6월 최종보고서에는 이렇게 쓰여 있다.

   '선수들 중 훈련 참가횟수가 가장 적었다. 크리스마스 휴가와 병으로 인해 12번 결석했다. 참가할 때는 팀 동료들 뒤에 숨듯이 훈련했다. 적극성은 느껴지지 않았지만, 올바른 방식으로 연습했다.'

   어린 메시가 처음 사람들 앞에 모습을 드러낸 것은 초등학교 연극 발표회였다. 각각의 성격에 맞는 의상을 아이들에게 입히자는 교사의 제안에 따라 동작이 느린 메시는 달팽이 분장으로 무대에 올랐다.

그 뒤 20년이 흐른 지금, 동작이 느린 아이로 모두에게 기억되는 그 소년은 세계 최고의 자리에 올랐다. 2010년 오늘, 바르셀로나의 올림픽 스타디움에서 메시는 턱을 치켜든 채 미간에 주름살을 짓고 걷고 있다. 터널 안에서 그라운드를 향해 걷는 그를 카메라가 쫓았다. 머리 위에서는 색종이가 눈보라처럼 흩날렸고, 하늘색과 흰색 줄무늬 유니폼을 스쳐서 떨어졌다. 이 영상은 슬로우모션으로 촬영되었다. 디렉터가 중단을 지시하자 메시는 다시 그 의욕 없는 아이로 돌아왔다. 그는 잠자코 있었다.
"이야, 이 스파이크 아주 근사한데!"
촬영을 지켜보던 형 로드리고가 말했다.
"이거 딱 내 신발이네."
로드리고는 메시와 함께 바르셀로나에 유일하게 남은 형제다. 로드리고는 제작 어시스턴트에게 상자 안의 아디다스 스파이크를 달라고 조르고 있었다.
"이건 샘플이고 아직 공장에서 생산된 게 아니에요."
어시스턴트가 퉁명스럽게 답하자 어색한 침묵이 그 자리를 지배했다. 메시는 그 광경을 잠자코 보고 있었다. 그는 개구쟁이 반 친구의 장난을 즐기는 공모자처럼 웃음 짓고 있었다. 재능 있는 사람부터 평범한 사람까지 누구나 세상의 관심을 받고 싶어 하는 이 시대에 메시는 조용히 장난기를 잃지 않은 소년처럼 행동하고 있었다.
때로는 너무 신나서 자신의 위치를 잊고 실수하는 경우도 있다. 바르사가 2011년 리그 우승을 확정한 날, 선수들을 태우고 바르셀로나로 돌아가는 비행기의 조종사가 기내방송으로 선수들에게 경고했다. 비행 중, 모두가 우승을 축하하고 떠드는 와중에 비상문 중 하나가 열릴 뻔해서 조종석의 경보기가 울렸던 것이다.

그때는 무슨 일이 일어났는지 아무도 몰랐지만, 그 뒤, 인터넷에 동영상이 올라왔다. 비행기 안에서 모두 노래하고 카탈루냐산 와인으로 축배를 들고 있던 와중에 어떤 손이 긴급탈출용 문의 손잡이를 잡아당겼다. 그 뒤, 머리 하나가 좌석 사이에 나타났다. 상공 1만 미터에서 비상구를 여는 일이 얼마나 위험한지 제대로 알지 못했다. 단지 메시는 누가 보는지 아닌지 확인하고 싶었던 것이다.

"나중에 댁으로 한 켤레 보내드리겠습니다."

어시스턴트가 로드리고 메시에게 말했다. 로드리고가 마음에 들어 했던 그 스파이크 얘기다.

리오넬 메시는 고개를 끄덕였다. 공복을 채우기 위해 마련된 출장 음식의 테이블에 그는 아직 가까이 가지도 않았다. 원하던 스파이크를 손에 넣은 형을 보고 메시는 기뻐하고 있었다.

일초라도 빨리 골문으로 돌진하려고 하는 메시의 저돌성은 메시 특유의 충성심과 관련이 있는 것 같다. 프랑스어 교사의 말에 따르면, 젊은 시절의 친구들은 메시에게 그리 이득이 되는 사람들은 아니었지만, 메시는 지금도 그들과 연락하고 있다. 어느 날, 그는 친구 라파엘 블라스케스에게 전화를 걸어 좋은 수의사를 아느냐고 물어봤다. 흥미가 있는 것은 메시 스스로 찾지만, 이번에는 전화 문자로 해결할 수 있는 내용이 아니었다.

"메시는 여자친구가 원해서 개를 키우기 시작했다더군요."

블라스케스는 당시 일을 말했다. 메시는 복서견 파차를 데려왔지만 주위 사람들이 지적하기 전까지 꼬리를 자르는 수술이 필요하다는 사실을 몰랐다. 블라스케스는 그 수술을 바로 받을 수 있도록 부지런한 집사처럼 재빨리 손을 썼다. 메시는 채팅 프로필에 그 개와 함께 찍은 사진을 쓰고 있다.

블라스케스가 메시에게 낮잠용 침대를 빌려주고 점심을 다 먹을 때까지 기다려주던 그 시절로부터 이미 긴 세월이 흘렀다. 그 뒤, 팀 동료와 싸우는 바람에 라마시아에서 내쫓긴 블라스케스는 축구를 계속 할 수 없게 되었다. 지금은 카탈루냐 주의 프레미아 데 마르의 건물 1층에서 가족과 함께 지내고 있다. 그의 침실에는 사진과 유니폼, 신문기사, 트로피 등, 메시와 함께 보냈던 추억이 장식되어 있다.

유소년 축구에 밝은 언론 관계자는 블라스케스가 라마시아의 지단과 같은 존재였다고 한다. 키가 크고 우아한 블라스케스는 양발을 다 잘 썼다. 그는 장래성이 있었다. 한편, 메시에 대해서는 다른 별에서 온 것 같은, 높은 수준의 선수이며 어릴 때부터 다른 선수들과 차이를 벌렸다고 말했다.

메시와 블라스케스는 17살 때부터 못 만났지만, 연락을 끊지 않았다. 자기 스파이크를 선물하기도 하고, 전화번호가 바뀔 때마다 새 번호를 알려주었으며, 집에서 일어나는 갖가지 문제를 해결하기 위해 블라스케스에게 연락했다.

메시에게서 수의사를 찾아달라는 전화가 왔을 때, 라파엘 블라스케스는 다리의 재활을 시작하고 있었다. 블라스케스가 자동차 사고로 다쳤을 때, 유소년팀의 예전 동료들은 병원에 찾아가 그를 병문안했지만, 메시는 병문안 대신 블라스케스와 우정을 나누었던 그 시절을 상기시켰다. 메시는 블라스케스가 도와주리라 믿고, 수의사를 전화번호부에서 찾으려고 하지 않았다. 블라스케스는 지금도 자신을 필요로 한다고 느끼고 있다.

메시는 인생 최대의 기회를 준 구단에게 계속 충실해 왔다. 그 때문인지 자기감정에 충실한 사람들에 대해서는 설령 모르는 사람이라도 흥미를 보인다. 2010년 말, 로사리오에 찾아온 한 팬이 메시의 고향 집 앞에서 진을 치고 기다렸다. 20대 청년 아르빈 라숀은 영웅 메시를 만날 보장이 없는데도 모국 스위스에서 아르헨티나까지 찾아왔다. 메시는 그를 만나주고 사인에 응했다. 그리고 아르빈 라숀이 메시와 같이 찍은 사진은 불과 몇 시간 만에 인터넷에 올려져 전 세계로 퍼졌다.

MESSI INTERVIEW

"많은 사람에게 카메라로 찍히는 일은 축구 하는 것과 마찬가지로 익숙해졌어요. 생활의 일부가 되었죠. 그걸 좋아하냐구요? 좋지도 싫지도 않아요. 그게 제 인생이니까요. 피할 길이 없어요."

아르헨티나 대표가 되기까지

　메시를 아는 사람들은 그와 만나는 일에 인내와 끈기가 필요하다는 사실을 알고 있다. 남아공 월드컵이 한창 진행 중인 어느 날 밤, 남아공에 있던 파파라치 몇 명이 삼각 받침대의 다리로 창을 만들어 그 끝에 카메라를 달았다. 높은 벽 너머에 있는 메시 가족의 사적인 사진을 찍으려는 것이었다. 대표팀의 다른 선수들처럼 메시는 일주일에 한 번 받는 휴일을 가족과 보내려고 프리토리아의 고급 주택가의 집을 빌렸다. 길 반대편에는 마라도나와 마르틴 팔레르모의 집이 있었다.

　파파라치들이 노린 것은 메시가 마당을 걷는 모습이었고, 최소한 문에서 나오는 모습이라도 카메라에 담으려고 했다. 그러나 이런 프라이버시 침해 행위는 메시와 만나기를 학수고대하는 다른 사람들에게 피해를 주는 일이었다. 어떤 문제가 생기면 예정된 만남이 연기될 수도 있기 때문이다. 그러던 중, 어떤 기자의 휴대전화에 문자가 왔다.

"5분 동안 만날 테니 들어올래요?"

메시의 아버지에게서 온 그 문자를 받은 사람은 아르헨티나의 스포츠 신문「올레」의 기자 마르셀로 소틸레였다.

그가 안에 들어가자 아르헨티나 대표팀 셔츠를 입은 메시가 불이 붙은 난로 옆에 있었다. 거실에는 그의 세 형제와 여자친구 안토넬라 로쿠조도 있었다. 문을 열고 맞이한 사람은 형 마티아스 메시였다. 옆에 놓인 플라즈마 텔레비전에서는 축구 경기 화면이 나오고 있었지만, 메시는 손에 든 휴대전화에서 눈을 떼려고 하지 않았다.

소틸레는 누구나 궁금해하는 것을 물었다. 아르헨티나 대표팀은 남미 예선에서 하마터면 남아공 월드컵 출전권을 놓칠 뻔했는데, 왜 바르셀로나의 천재 메시는 대표팀에서 골을 못 넣었느냐는 질문이었다.

"남미 예선 때 저는 평상시의 제가 아니었어요."

메시는 성과를 내지 못한 점을 사과하듯이 말했다.

"모국에 돌아갈 때마다 제가 대표팀 유니폼의 무게를 진지하게 느끼지 않는다는 말을 듣는 것은 괴로웠어요. 바르셀로나에 돌아오면 다시 잘 풀려서 모두가 저를 응원해주었죠."

"리오넬 메시에게 자기답다는 것은 어떤 거죠?"

"자유로운 거요."

다음 날, 기자는 독점 인터뷰를 신문에 실었고, 메시는 계속 마음에 걸렸던 빚을 갚을 수 있었다. 원래 이 인터뷰는 수개월 전에 할 예정이었지만, 메시가 인터뷰하는 날 직전에 취소했다. 이날 밤, 남아공에서 메시는 인터뷰 약속을 다시 지켰다.

충성이라는 믿음은 때로는 보답 받지 못하는 경우도 있다. 메시는 아르헨티나 대표팀에 발탁된다는 보장이 없는데도 스페인 대표팀의 귀화 권유를 거절했다. 2002년 초, 뉴웰스올드보이스로부터 국제이적증명서를 받은 메시는 그 뒤 몇 개월 동안 바르사의 모든 유스 카테고리에서 뛰다가 4부 리그 바르사C로 활약의 무대를 옮겼다. 그리고 메시가 모르는 곳에서는 아르헨티나 대표팀의 스카우터들이 우려와 관심을 가지고 그의 동향을 지켜보고 있었다. 아르헨티나 대표팀이 메시를 발견했을 때, 그는 16살이었고 이미 아스널과 AC밀란으로부터 오퍼를 받고 있었다. 유럽의 구단들은 메시의 축구 재능뿐 아니라 그의 국적도 원하고 있었다. 스페인 축구연맹도 메시가 스페인 국적을 취득하기 이전부터 그를 유스 대표팀 훈련에 소집했다.

"메시가 스페인 대표팀에 들어갈지 모른다는 얘기를 듣고, 조바심이 났죠."

호세 페케르만은 말했다.

아르헨티나 대표팀과 20세 이하 대표팀을 이끌었던 페케르만은 당시 마드리드를 연고로 하는 CD레가네스의 어드바이저를 맡고 있었다. 그는 아르헨티나 축구협회에 메시가 스페인 대표팀에 소집되려고 한다는 사실을 전했다. FIFA 규약에는 어떤 나라의 대표로 한 번이라도 뛴 선수는 다른 나라의 대표팀에 들어갈 수 없다고 되어 있다. 메시는 원래 알비셀레스테(하늘색과 흰색. 아르헨티나 대표팀의 애칭) 이외의 대표팀에서 뛰는 일은 생각하지 않았지만, 페케르만 감독은 그걸 몰랐다.

"메시의 가족은 아들이 좀 더 기다리고 싶어 한다고 전해 왔어요."

이 일에 관해 이렇게 말한 사람은 당시 스페인 축구연맹의 스포츠 디렉터로 일하던 페르난도 이에로였다.

메시는 아르헨티나 대표팀에서 뛰고 싶어 했다. 그러나 스페인 대표팀의 제안을 받은 메시가 모국의 축구협회에 소집될 때까지는 5개월이나 걸렸다. 아르헨티나 축구협회의 간부는 메시에 관해 전혀 몰랐다. 차출을 요청하기 위해 FC바르셀로나에 보낸 문서에는 메시(Lionel Messi)의 철자를 'Leonel Mecci'라고 잘못 적을 정도였다.

아르헨티나 축구협회의 반응은 늦은데다가 즉흥적이었다.

"메시를 데뷔시키기 위해서 황급히 경기를 준비했다."

당시 청소년 대표팀 감독을 맡고 있던 우고 토카리는 말했다.

"그건 오직 메시를 위해서 만든 경기였다."

알비셀레스테의 유니폼을 입은 메시는 아르헨티노스 주니오스 스타디움에서 대표팀 데뷔전을 치렀다. 2004년 6월 29일에 열린 파라과이와의 친선 경기였다. 후반전부터 나온 메시는 한 골을 넣고 청소년 대표팀에서 입지를 굳혔다. 이리 하여 메시는 다시 새로운 그룹과 새 룸메이트에 적응해야 했다.

청소년 대표팀에서 심리상담사로 일했던 마르셀로 로페가 당시 메시의 룸메이트를 정했다. 로페가 선택한 선수는 나중에 마라도나의 사위가 되는 세르히오 아구에로였다. 18~19세 선수가 모인 이 팀에서 그 두 사람만이 17세였기 때문이다.

"아구에로는 기뻐했습니다."

로페는 말했다.

"마치 신과 같은 방을 쓰게 된 것처럼요."

"메시는 어땠나요?"

"메시는 왜 베테랑 선수를 배정해주지 않았지 하는 얼굴이었어요."

메시는 경험이 풍부한 선수와 같은 방이 되기를 원했다.

"우리 스태프를 믿고 따라달라고 이야기하니 그도 이해해 주었습니다. 이듬해 메시와 아구에로는 아르헨티나가 20세 이하 월드컵에서 우승하는 데 크게 공헌했죠."

마라도나의 사위 아구에로와 같은 방에서 지낸 메시는 그 후, 국가대표팀에 들어가는 데 성공했다. 월드컵 대비 평가전으로 2005년 8월에 열린 헝가리전이 그의 데뷔전이었다. 경기 시작 휘슬이 울리고, 공을 처음 받은 메시를 막으려고 헝가리 대표팀의 수비수 빌모스 반차크가 그의 셔츠를 잡았다. 그것을 손으로 치고 나간 메시는 데뷔 47초 만에 퇴장 처분을 받았다. 그 자리에 있었던 사람들은 메시가 부당한 판정에 분해서 눈물을 흘리는 모습을 목격했다.

"국가대표팀에서는 결과가 중요합니다."

심리상담사 로페는 설명했다.

"청소년 대표팀에서는 '우승'이라는 말이 쓰이지 않고 목표를 하나하나 달성하기 위해 연습을 되풀이하죠."

아르헨티나 청소년 대표팀에서 개인의 성공이란 FC바르셀로나처럼 팀의 규율과 즐기는 일 위에서 성립된다. 다시 말해, 즐기면서 플레이하는 아마추어 축구와 가깝다고 할 수 있다.

청소년 대표팀의 동료들이 각자의 습관과 소속팀을 바꿔 갈 때, 메시는 겸허함, 침묵, 낮잠이라는 소년 시절의 습관을 유지하고 있었다.

메시는 15세에 나이키와 후원 계약을 맺었다. 바르셀로나의 친선 경기에서 프로 무대에 데뷔한 것이 16세, 그리고 스페인 리그 최연소 득점자가 된 것이 17세였다. 그 골은 알바세테를 상대로 바르사의 1군 팀에서 처음 친구가 된 호나우지뉴의 어시스트로 넣은 골이었다. 고등학교 급우들이 졸업할 무렵, 메시는 마라도나가 진행하는 TV프로그램에 출연했다.

라파엘 블라스케스가 아끼는 메시 관련 물건 중에 아디다스의 F50모델 스파이크가 있다. 그 스파이크는 8.5사이즈로 아르헨티나의 국기가 자수로 들어가 있고, 양 옆면에는 'Leo10', 'Messi10'이라고 이름이 쓰여 있다. 메시의 왼발에는 어린 시절에 입은 상처가 남아 있기 때문에 스파이크에도 특별한 봉제 기술이 들어갔다. 새끼 발가락 쪽 위에 구멍이 뚫려 있던 것이다. 어느 날 연습을 보러 온 블라스케스에게 메시는 그 스파이크를 선물했다. 그들의 재회는 3년 만이었다.

"메시는 말이 없었어요."

블라스케스는 회상했다.

"제가 말을 시켜야 했죠."

그날, 블라스케스는 메시보다 많이 떠들었다.

"메시는 프랑스어 수업을 전혀 기억하지 못한대요."

메시는 공을 다루는 일과 관계없는 일은 모두 떨쳐 버린 것이다.

중등학교 2학년 때, 메시는 라파엘 블라스케스와 함께 유급했다. 결국 두 사람 모두 졸업하지 못했다.

"저는 메시가 졸업할 수 있도록 특별히 시간표를 다시 짜자고 제안했어요."

여교사 파스쿠알은 말했다.

"하지만 그건 불가능했어요. 메시는 자유롭게 쓸 수 있는 시간이 없었거든요."

그 뒤, 메시가 프랑스어 교사와 다시 이야기하는 일은 없었다.

메시가 라파엘 블라스케스와 마지막으로 만난 것은 2009년, 바르셀로나 대 레알마드리드 경기 뒤였다. 블라스케스가 그의 여자친구와 함께 주차장에서 기다렸고 메시도 여자친구를 데려갔다. 넷은 메시의 차를 타고 산츠 역으로 향했다. 블라스케스는 거기서 프레미아 데 마르에 있는 집으로 돌아가기 위해 전철을 타려고 했다.

"다음에 넷이서 놀러 갈래?"

블라스케스가 제안했다.

운전하던 메시는 백미러 너머로 블라스케스 쪽을 보고 웃었지만, 아무 말도 안 했다.

"메시는 아무 데도 안 나가."

안토넬라 로쿠조가 말했다.

"맨날 자기만 해."

블라스케스가 기억하는 메시는 조용하고 다정했다.

"학교에 올 때, 메시는 늘 스프라이트 병을 손에 들고 주머니에는 친구에게 한턱내는 데 쓸 동전을 넣고 다녔어요."

탄산음료를 아주 좋아하고 껌은 민트 맛만 씹었다.

"메시에게선 늘 좋은 향기가 났어요."

블라스케스는 말했다.

"상쾌한 느낌의, 깨끗한 아이 같은 향기였어요."

그러나 2010년 오늘, 메시는 지친 아이 같은 얼굴이었다. 바르셀로나의 올림픽 스타디움에서 그는 경기 전에 집중력을 높이는 모습을 연기해야 했다. 스파이크 CF의 다음 장면이었다. 메시는 나무 의자에 앉아서 정면에서 그를 비추는 빛을 보고 있었다. 이번에는 라커룸 장면이라서 아픈 오른쪽 다리를 무리해서 쓰지 않아도 됐다.

"경기장에 들어가기 전에 라커룸에서는 항상 뭘 합니까?"

디렉터가 물었다.

메시는 바로 답했다.

"껌을 씹어요."

경기 전의 라커룸에 감도는, 엄숙한 분위기를 연출하고 싶은 디렉터는 다른 연기를 지시했다.

"진지한 표정으로 앞을 봐주시겠습니까."

모니터에는 어둑한 곳에 있는 메시의 얼굴이 비치고 있었다. 최근에 갑자기 나기 시작한 턱수염이 조명에 비쳐서 메시는 격투장에 나갈 검투사처럼 보였다. 디렉터는 메시를 세상과 맞서는 영웅처럼 연출하고 싶어 했다. 그러나 라커룸에 멍하니 앉아 있는 메시는 친구들과 떨어져 관중의 요구에 홀로 응하는 소년 같았다.

메시의 대역

자신이 뛴 경기의 재방송을 보면서 가족과 친구들의 평을 듣는 것은 메시에게 멋쩍은 일이다. 그래서 그는 중계를 별로 보지 않는다. 마치 자신이 나온 모습을 피하려고 하는 것 같았다. 몸에 걸친 옷은 눈에 띄지 않는 브랜드뿐이다. 시즌 중에 두세 번 머리 모양을 바꾸기도 하지만, 좀 지나면 다시 7살 때 하던 앞머리로 돌아온다. 바지 밖으로 셔츠를 뺀, 덤벙이 소년으로 돌아가는 그는 옷차림에 무관심한 것처럼 보인다.

어느 날 밤, 경기가 끝난 뒤에 캄노우의 VIP룸에 들어간 메시는 한 청년과 딱 마주쳤다. 그 청년은 자신을 메시의 공식 대역 배우라고 소개했다. 바르사 선수들과 만나기 위해 VIP룸에 온 배우, 정치가, 기자들 속에서 메시는 자신을 패러디한 인물과 만난 것이다.

카탈루냐 출신의 20대 청년 미겔 마르티네스는 원래 식당 자동판매기에 담배를 채워 넣는 일을 하다가 메시의 대역으로 활동하며 음료수, 휴대전화, 항공사의 광고에 나왔다. 또, 구글 서비스를 제한하는 중국의 인터넷 검색엔진 CF에도 나왔다. 마르티네스는 한 번쯤 인사하고 싶었다고 메시에게 말했다.

"저를 만난 사람들의 반응이나 남들이 평소에 어떻게 말을 걸어오는지에 관해 말하고 싶었어요."

나를 자택으로 들여보내 준 메시의 대역이 말했다.

마르티네스는 메시보다 큰 매부리코였고 키도 5cm 컸지만, 그 털털한 걸음걸이나 왼발로 공을 차는 모습은 메시와 똑같았다. 자신의 닮은꼴과 마주한 메시의 얼굴에는 놀라움과 어색함이 드러났다.

"그에게 환영받지 못한다는 걸 느끼고 저는 머뭇거렸어요."

2010년은 메시의 대역이 몇 명이나 나왔던 해였다. 발롱도르를 받은 뒤로 메시는 제품을 선전하는 데 안성맞춤인 존재가 되었다. TV와 인터넷에서는 질릴 정도로 자주 그의 모습을 볼 수 있었다.

마르티네스가 휴대전화에 저장한 CF 동영상 중에 메시가 흠뻑 젖은 머리로 강하게 헤딩하는 장면이 있다. 머리에 묻은 역광의 물방울이 느린 화면으로 주위에 뿌려졌다. 마르티네스는 그 동영상을 중간에 멈추고 이건 자기라고 했다. 물론 진짜 메시밖에 할 수 없는, 정확성이 요구되는 장면도 있다. 그러나 슈퍼스타에게 흠뻑 젖은 머리로 밤에 연기를 시킬 수는 없었다. 컨디션이 떨어지기라도 하면 큰일이다. 그래서 대역에게 일이 갔다. 마르티네스는 이 일로 최고 1만 2,000유로를 받았다고 한다.

메시는 생각지 못한 방법으로 사람들 앞에 갑자기 등장하기도 한다. 어느 날, 런던 서부에 있는 광대한 잔디 경기장 해크니마시에 있던 사람들은 메시가 헬리콥터를 타고 런던 하늘에서 내려오는 광경을 봤다. 축구를 하던 아이들은 영웅의 모습을 보자 일제히 그에게 달려갔다. 아이들과 잠시 공놀이를 한 메시는 차로 핸버리 시장에 갔다. 그곳은 런던 아이들에게 스피탈필즈 마켓으로 알려진 곳으로 수준 높은 디자인 의류와 친환경 제품을 파는 부스가 있으며, 인기 많은 인도 요리 레스토랑도 자리 잡고 있다.

메시에게 이 런던 나들이는 아디다스 광고 캠페인의 일환이었다. 새 운동화를 선전하기 위해 기획된 이 이벤트는 'CATCH HIM IF YOU CAN(할 수 있으면 그를 잡아봐)'라고 명명되었고, 정해진 시간까지 메시를 찾아온 팬에게는 메시가 직접 스파이크 한 켤레를 선물하게 되어 있었다.

그러나 제시간에 오지 못한 사람은 메시였다. 타워 햄릿 지역의 트라팔가 광장에서 팬들이 메시를 끈기 있게 기다렸지만, 교통 정체로 도착이 늦은 메시는 지쳐서 팬들에게 다가가려 하지 않았다. 팬들은 메시의 모습을 차 창문으로밖에 볼 수 없었다. 그날은 메시의 대역을 맡을 사람도 없었다.

축구 선수가 뛸 수 있는 기간은 20년도 안 된다. 그래서 팬과 광고 회사, 의류 회사뿐 아니라 축구업계 또한 메시의 대체품을 애타게 찾고 있다. FC바르셀로나의 일류 육성 기술을 갖춘 전문가들은 아르헨티나의 길거리에서 새로운 소년이 나타나기를 고대하고 있지만, 그 소년이 대리인이나 부모의 손에 이끌려서 오기만을 기다리는 것은 아니다. 디 스테파노나 마라도나, 메시 같은 위대한 선수들이 아르헨티나에서 태어난 이상, 논리적으로 볼 때 같은 루트에서 '크랙'이 또 탄생할 가능성이 있다.

FC바르셀로나는 미래의 축구선수를 찾기 위해서 대서양을 횡단했다.
"메시의 존재는 이 프로젝트에 큰 힘을 실어주었습니다."

이 말을 한 사람은 호르헤 라포였다. 그는 보카주니어스에서 뛴 선수 출신으로 새로운 메시를 발굴하는 임무를 맡고 있다. 바르사의 엠블럼이 들어간 셔츠를 입은 그는 FC바르셀로나 축구교실의 부에노스아이레스 지부에서 디렉터로 일하고 있다.

16세 이하 선수들이 연습하고 생활하는 이 시설은 부에노스아이레스 교외 남서부의 산후스토에 있으며 보카주니어스의 옛 클럽하우스인 라 칸데라를 쓰고 있다. 주위에는 가난한 집들과 깡마른 개들, 트럭의 배기가스, 자동차 수리공장, 물웅덩이가 깊게 파인 비포장도로 등의 광경이 펼쳐져 있다. 라포는 이런 환경 속에서 FC바르셀로나의 육성 모델을 재현한다는, 장대한 도전을 하고 있다. 스페인의 바르셀로나는 지평선 저편에서밖에 존재하지 않는다.

메시가 바르사로 건너왔을 때, 아르헨티나는 오랜 기간 금융위기에 빠져 있었다. 통화 페소의 대 달러 고정상장제도가 폐지되고 은행에서는 예금유출을 막기 위해 인출액에 제한을 두었다. 불과 1개월 사이에 대통령이 다섯 번이나 바뀌는, 심각한 상황에 빠진 아르헨티나에서는 몇몇 공공서비스도 중단되었다. 메시의 아버지가 일하는 곳의 사회보험과 재단의 원조도 끊어져서 메시의 성장에 필요한 소마토트로핀의 비용을 부담할 수 없게 되었다. 메시의 아버지는 아들이 치료를 계속 받을 수 있게 해달라고 축구팀들에 도움을 요청했지만, 뉴웰스올드보이스가 도와준 건 단 두 달이었다. 리베르플레이트는 지원을 끊었다. 이런 상황 속에서 도움의 손길을 내민 FC바르셀로나를, 메시는 떠나지 않을 것이다.

아르헨티나에서는 지금도 축구가 빈곤에서 벗어날 수 있는 돌파구의 하나이다. 이곳에서 라포는 5년 전부터 새로운 다이아 원석을 찾고 있다.

MESSI INTERVIEW

"제 플레이스타일은 하늘이 내려준 것이라고 말하는 사람도 있는데, 저는 잘 모르겠어요. 본능이 이끄는 대로 움직이는 것은 확실하죠. 경기장에서 어떻게 움직이면 좋을지 최선의 판단을 합니다. 상대방이 예상하는 플레이는 하고 싶지 않거든요."

메시의
후계자 찾기

    내가 부에노스아이레스의 라마시아로 가려고 하던 날, 신문들은 소고기와 기름값이 10% 이상 오를 것이라고 보도했다. 트럭 운수업자 조합이 일으킨 파업으로 인해 교통은 마비되고 경찰과의 충돌로 1명이 사망했다고 한다.

    축구는 적어도 90분 동안은 모든 것을 잊게 해준다. 부에노스아이레스의 라마시아는 폭풍 속에 떠 있는 인공 섬이었다. 철문을 열면 그곳에는 그림엽서에나 나올 법한 영국식 저택이 있다. 그 주변에는 새로 다듬은 천연 잔디 구장과 물리치료사가 있는 라커룸, 영양사가 있는 식당이 있다. 또 다른 건물에는 소년들이 지낼, TV가 딸린 방이 있었고, 메시가 바르셀로나에서 지낼 때와 똑같이 규칙적인 일상이 매일 되풀이되고 있었다.

    "메시는 모국을 떠나야 했지만,"

시설을 안내해준 라포는 말했다.

"저는 이곳의 소년들에게 똑같은 일을 겪게 하고 싶지 않아요."

소질을 파악하기 전에 아이들에게는 먼저 적응 기간이 필요하다고 라포는 생각한다. 그래서 아르헨티나의 라마시아는 바르사의 일상을 그대로 적용하고 있다. 메시가 되려는 소년들은 아침 6시에 일어나서 학교에 오고, 라마시아에서 식사한 뒤, 오후에는 구장으로 간다. 공을 잘 받아서 메시처럼 정확하게 패스하는 연습을 한 뒤에는 보충수업이 기다리고 있다. 매년 9월 11일에는 부에노스아이레스에 있는 '카탈루냐의 집'에서 카탈루냐 민족의 날(바르셀로나가 스페인 부르봉 군에 함락되어 자치권을 잃은 날)을 기억하며 카탈루냐의 국가「수확하는 사람들」을 부른다.

바르셀로나에서 1만 5,000km나 떨어진 이곳에 도입한 바르사 시스템은 그냥 받아들이기만 한다고 실현되지는 않는다. 부에노스아이레스판 라마시아의 디렉터는 현재 200명의 선수를 키우고 있다. 그들은 아르헨티나 20개 주의 빈곤한 지역에서 여기로 모였다. 제일 어린 선수는 9살. 대도시가 난생처음인 소년이 대부분이었다. 라마시아에는 40여 명이 살고 있고 나머지 약 150명은 자택에서 다니고 있다. 소년들은 모두 규율을 지킬 뿐 아니라 자신의 장래에 관해 교섭하는 법도 배워야 한다는 사실을 알고 있다.

"에이전트들과는 늘 치열하게 교섭하고 있어요. 우리는 아이들이 성인이 될 때까지 에이전트는 필요 없다고 생각하지만요."

이곳에 있는 소년들의 에이전트는 현시점에서 FC바르셀로나로 되어 있다. 소년들은 스페인의 라마시아와 같은 계약을 바르사와 맺고, 사인할 때는 부모가 보증인이 된다. 라포는 이렇게 설명한다. 바르사가 소년들의 소유권을 가지고 있어서 그들이 다른 구단으로 이적할 때는 이적료의 절반을 바르사가 가진다. 그 대신 소년들은 육성 환경과 숙소, 그리고 세계 최고의 팀에 들어갈 가능성을 얻게 되는 것이다.

부에노스아이레스판 라마시아의 소년들은 롤모델인 메시의 모습을 늘 TV로 보고 있다. 침실로 이어진 계단의 막다른 곳에는 사진 한 장이 붙어 있었는데 거기에는 여러 명의 소년과 메시가 함께 찍혀 있었다. FC바르셀로나는 해마다 부에노스아이레스 지부에서 10명의 소년을 캄노우의 훈련에 초청한다.

그러나 그 여행 일정에서 소년들이 메시와 만나거나 함께 사진을 찍는 일정은 없다. 대신, 캄노우의 샵 입구에 놓인 메시 실물 크기 패널 옆에서 사진을 찍는 것은 허용되었다. 메시의 또 다른 대역인 종이 패널은 스페인 여행을 갔다 온 관광객이 친구에게 메시를 만나고 왔다고 농담할 때 도움이 된다. 그러나 부에노스아이레스의 소년들은 아주 진지하다. 누가 물어볼 때까지 그게 진짜 메시가 아니라는 사실을 결코 밝히지 않는다.

부에노스아이레스에 라마시아가 생기고 나서 5년 동안, 실제로 여기서 바르셀로나에 간 선수는 단 한 명뿐이다.

메시에 가장 가까웠던 소년은 막시밀리아노 롤론이라는 선수였다. 그는 메시와 같은 로사리오 출신이다. 롤론에게는 쌍둥이 형제가 있었지만, 행운을 잡은 것은 혼자였다. 스페인에 가지 못한 쪽은 아르헨티나 국내 클럽인 벨레스사르스필드로 이적했다. 바르사에 선택받지 못한 선수들은 이렇게 국내 팀으로 옮긴다. 막시밀리아노 롤론은 가족과 이별이라는,

유럽축구에 도전하는 소년들에게 가장 어려운 시련에 직면했다.

"그는 혼자서 스페인에 갔어요."

라포는 말했다.

메시의 경우는 아버지가 함께 바르셀로나에 남았지만, 막시밀리아노 롤론은 몇 백만 명이나 되는 프로 지원자들과 같은 길을 따라갔다.

관광비자를 가진 아르헨티나인은 누구나 3개월간 스페인에 체류할 수 있다. 라마시아는 이 합법적인 체류기간을 이용해서 미래의 메시가 될 소질이 있는지 없는지 파악한다. 다른 구단에서는 미성년자들이 아무 보증도 없이 테스트를 받으러 오는 경우도 있다. UEFA에 따르면 프로 선수를 꿈꾸며 이탈리아에 온 외국 소년 중 약 5,000명이 길바닥에 나앉는 결과로 끝났다고 한다. 또한, 프로 계약을 약속받고 브라질과 아르헨티나에서 유럽으로 온 소년들 중, 연간 약 1,000명이 부모와 연락이 끊긴다고 한다. 스페인의 외국인등록기록에 따르면 롤론은 숙부를 만나러 관광목적으로 입국한 것으로 되어 있다. 그러나 실제로는 숙부가 아니고 FC바르셀로나라는 엄격한 아버지에게 도전하기 위해 대서양을 건넌 것이다.

메시의 스토리를 재현하는 데는 비싼 대가가 따른다. 아르헨티나에서 메시 같은 선수를 찾기 위해서 바르사는 연간 100만 유로를 투자하고 있지만, 5년 동안의 성과는 기대치를 밑돌았다. 2011년 중반, FC바르셀로나의 회장이 부에노스아이레스의 라마시아를 방문했을 때, 그가 그곳을 폐쇄할 계획임이 밝혀졌다(역주-2012년 3월, 바르사는 선수 발굴 프로젝트를 보카 주니어스와 공동으로 진행하겠다고 발표했다). 축구는 비즈니스다. 아르헨티나에서 이 프로젝트를 시작했을 때, 바르사의 간부는 이 정도로 비용 대비

효과가 적을 줄은 몰랐다. 예산부족으로 부에노스아이레스의 라마시아는 어쩔 수 없이 폐쇄하게 되었다.

막시밀리아노 롤론은 아르헨티나의 칸테라에서 바르셀로나에 온, 처음이자 마지막 선수가 될지도 모른다. 그는 이후에도 바르사의 하부 팀에서 뛰었다. 아르헨티나에서 롤론과 함께 지냈던 동료들 중, 재능이 있는 선수들은 아르헨티나 구단으로 이적해서 뛰게 될 것이다. 다른 소년들은 라포가 적응기간이라고 일컫는 과정 도중에 좌절하게 될 것이다. 소년들은 다 알고 있다. 큰 기회를 얻었지만, 자신들은 결코 메시처럼 되지는 못할 것이라는 현실을.

절묘한 타이밍에 마르티네스는 메시의 대역 일을 시작했다. 나를 자기 집으로 맞아들인 날, 그는 긴 머리를 플라치나 블론드(금발과 은발의 중간색)로 물들인 한 소녀를 소개해주었다. 메시의 대역 일을 한 덕에 그녀를 알게 되었다고 했다. 메시 본인이 아닌, 메시와 닮은 사람과 사귀는 사람은 대체 어떤 생각일까. 마르티네스의 방에는 지금까지 메시가 FC바르셀로나에서 입었던 모든 종류의 유니폼이 잘 보관되어 있었고, 침대에는 바르사의 엠블럼이 인쇄된 커버가 깔려 있었다. 그는 메시의 표정을 모두 기억하고 있으며 자기 얼굴로 재현할 수 있다고 했다.

"메시의 머리는 믿을 수 없을 정도로 빨리 자라서 저는 머리를 안 자르고 있어요."

CF 촬영 계약이 확정될 때까지 마르티네스는 자신의 외모를 바꾸지 않는다. 때로는 외국인 관광객 그룹을 캄노우로 안내해주고 보수를 받는 일도 한다. 사인을 요청받으면 M자를 이름의 나머지 글자를 덮을 정도로 크게 써서 특징을 드러낸다. 그러나 아래 공백에는 메시처럼 'Leo'라고 쓰지 않고 자기 이름을 써넣는다.

"어른들에게는 제가 메시가 아니라는 걸 밝혀요."

그는 양심적으로 설명했다.

"하지만 아이들에게는 말 안 해요. 꿈을 깨뜨리고 싶지 않거든요."

리오넬 메시는 TV에 나오는 자신의 모습을 보려 하지 않지만, 그의 대역은 카메라 앞에서 자세를 취하는 일을 아주 좋아한다. 2010년, 어떤 중요한 CF를 촬영할 때, 광고 프로듀서들은 바로 마르티네스를 떠올렸다. 그 CF란 바로 지금 바르셀로나의 올림픽 스타디움에서 촬영되고 있는 야광 오렌지색 스파이크 CF였다. 당초 마르티네스에게 다리 대역을 맡겨서 드리블하는 모습을 찍을 예정이었지만, 촬영 직전에 계획이 바뀌었다.

"미겔 마르티네스가 대역하는 것을 메시가 원하지 않습니다."

CF 디렉터는 말했다.

메시와 마찬가지로 마르티네스도 서민 출신이었지만, 외모가 메시와 닮아서 그의 인생은 극적으로 바뀌었다. TV 프로그램에서 축구 경기에 관한 평을 요청하는 전화가 오면 흔쾌히 응했고, 인터뷰 요청에도 모두 응하고 있었다. 페이스북으로 연결된 친구 수는 오래전에 5,000명을 돌파했고, 인기 구단의 경기장에 가면 무료입장, 음료 등의 대접을 받는다. 최근 생일도, 메시라면 절대로 가지 않는 디스코텍에서 메시의 유니폼과 술을 교환하며 축하했다.

"대역이 아주 유명해졌어요."

CF 디렉터가 말했다.

"메시는 그게 마음에 들지 않았던 거죠."

마르티네스는 촬영에서 제외되었고 다리 대역은 다시 찾게 되었다. 어떤 축구선수도 흉내 이상의 일을 대역에게 요구하지 않는다. 지단의 대역은 아르헨티나인이었고 지단처럼 우아했다. 공식 행사에서 마라도나를 연기했던 대역은 손을 들어 사람들에게 인사했다. 베컴과 똑같이 생긴 스페인 청년은 문신도 똑같이 그려 넣었지만, 베컴보다 젊고 근육질이었다.

화면에 비치는 자기 모습을 보기 싫어하는 메시 같은 사람도 놀이동산의 변형 거울에 비치는 자신의 우스꽝스러운 모습에는 너그러울 수 있다. 디즈니월드에서는 미키마우스 안에 돈벌이하러 온 이민자가 들어가 있어도 그것을 상관하는 사람은 없다. 밀랍 인형 박물관의 인기 영화배우도 마찬가지다. 축구팬에게 함께 사진을 찍은 메시가 진짜인지 아닌지는 별로 중요하지 않다. 메시 본인과 만나기는 힘들다는 걸 알기 때문에 그런 방법으로 스타에게 조금이라도 다가가려 하는 것이다.

그러나 열광적인 신자들은 자신들의 영웅에 대해 꿈과 신뢰를 줄 수 있는, 완벽한 이미지를 요구한다. 메시는 그런 팬들을 실망시키고 싶지 않은 것이다.

늘 이기려는 욕망

리오넬 메시는 어린애 취급당하는 것을 아주 싫어한다. 몇 분 뒤 그는 스파이크 CF에서 가장 중요한 장면을 연기해야 한다. 그러나 그는 부당한 파울을 당했을 때처럼 의심과 분노를 드러내며 눈썹과 턱을 추켜올리고 혀를 찼다. 2010년 오늘, 메시는 다리를 끌면서 촬영장에 나타났지만, 그를 거슬리게 하는 것은 오른발의 통증이 아니라 CF 디렉터가 한 말이다. 올림픽 스타디움의 잔디 위에 선 두 사람은 촬영 스태프들에게 둘러싸여 있었다. 메시는 기분이 언짢은 것 같다.

"저는 카메라를 향해 공을 차달라고 그에게 부탁했습니다."

CF 디렉터가 말했다.

메시는 20m 이상 떨어진 곳에서 공을 차야 했다. 프로 축구 경기장은 가까이서 보면 평소 TV로 보는 것보다 훨씬 거대하다. 이 광활한 곳에서 공의 방향을 조절하기란 도저히 불가능해 보인다. 메시가 지금 요구받은 것은 단순한 슛이 아니다. 게다가 그는 다리에 통증이 있다. 그러나 디렉터의 머릿속에는 이 장면을 메시가 잘해내길 바라는 마음만 가득했다. 카메라는 골대 오른편 크로스바와 포스트의 모서리에 고정되어 있었다.

"할 수 있는지 그에게 물어봤습니다."

메시를 곤두서게 하는 것은 그 발언이었다. 그는 공 차는 능력을 의심받는 것을 참지 못했던 것이다. 이와 같은 일이 전에도 있었다.

메시가 광고업계에 발을 들인 것은 17세 때였다. 아버지 호르헤는 아들에게 슬슬 너의 이미지를 상품화해야 한다고 설명하고 캄노우 근처에 있는 레스토랑에 그를 데려갔다. 거기에서 기다리고 있던 사람은 에이전트였다.

"메시는 아직 자그마한 아이였지요."

로돌포 스키노카는 부에노스아이레스의 식당에서 그렇게 말했다.

"그날 그가 햄버거를 주문한 게 기억나네요."

그 당시 메시는 이미 FC바르셀로나의 1군 무대에 데뷔했고, 아르헨티나 청소년 대표팀의 후보 선수이기도 했다. 회계사 경력도 있는 스키노카는 보카주니어스의 선수로 뛴 적도 있다. 그는 광고 시장에 메시를 팔기 위해 자신의 시간과 돈을 투자하기로 했다. 앙가발이 걸음으로 걷는 스키노카의 다부진 몸에는 수비수로서 뛰었던 80년대 중반의 모습이 남아 있었다. 그는 보카주니어스의 1군 팀에서 겨우 일곱 경기를 뛰었다. 그 뒤, 부상을 당한 스키노카는 부득이하게 은퇴했지만, 에이전트로서 축구계에 남았다. 그의 첫 번째 고객이 메시였다.

"아들을 믿어줘."

스키노카는 메시 아버지의 말을 기억하고 있었다.

"얘는 위대한 선수가 될 거야."

"메시를 파는 일은 어려웠나요?"

스키노카에게 물었다.

"새로운 비즈니스를 생각해 내야 했습니다."

당시, 성공한 축구선수라고 하면 데이비드 베컴이 꼽혔는데, 만일 스키노카가 여드름이 무성한 메시를 베컴 같은 이미지로 바꾸려고 했으면 이상해졌을 것이다. 그러나 스키노카는 반대로 그 어린 점을 강조했다. 첫 거래 기업은 맥도날드, 레이스 포테이토칩, 펩시 그리고 메시가 좋아하는 TV게임을 파는 가전제품점 가르바리노였다.

당시, 메시는 아직 아르헨티나에서 유명해지기 전이었지만, 스키노카는 일부러 아르헨티나 광고에 그를 노출시켰다. 그래서 메시는 해외 구단에서 성공한 로사리오 출신의 젊은 선수로 서서히 유명해지기 시작했다.

"그는 아주 겸손한 청년이었어요."

스키노카는 회상했다.

"늘 저에게 이렇게 말했죠. '전 바르셀로나와 로사리오에 집 한 채씩 가질 수 있으면 만족해요.'라고요."

그리 하여 내성적인 메시가 카메라 앞에서 연기하게 되었다. 그가 처음 출연한 광고는 음료수의 TV CF였다. 촬영은 부에노스아이레스의 무론에 설치된 세트에서 했고 스키노카도 참관했다. 촬영 현장의 잔디 구장은 불균일하게 깎여 있었다. 프로듀서는 메시와 친해질 생각으로 그를 도발해보기로 했다.

"공을 크로스바에 맞춰서 되돌아오게 슛하는 건 역시 어렵겠죠?"

더구나 3회 연속해서 리바운드 해야 한다고 말했다.

"메시는 그걸 받아들였나요?"

"네. 다만, 시작하기 전에 그는 '뭘 걸 거죠?' 하고 프로듀서에게 묻더군요."

자신이 있었던 메시는 내기를 제안했다.

당시 메시는 구단이 임대한 바르셀로나의 아파트에서 아버지와 둘이서 지내고 있었다. 어머니와 형들은 이탈리아산 대중차 피아트 두나를 타고 로사리오 마을을 오가며, 바르셀로나와 부에노스아이레스를 왕래할 때는 로마, 런던, 히우지자네이루를 경유하는 이코노믹 클래스의 항공권을 이용했다. 편도 30시간 걸렸지만, 그것이 대가족에게 가장 경제적인 방법이었다. 그러나 메시가 광고업계에 뛰어들고 나서는 퍼스트 클래스도 탈 수 있게 되었다. 처음 카메라 앞에 선 날, 메시는 도발을 해온 프로듀서와 내기로 음료수 스무 상자를 걸었다. 그에게 주어진 기회는 세 번뿐이었다.

"첫 번째는 실패했어요."

메시는 공을 두 번 크로스바에 맞췄지만, 3회 연속은 실패했다. 그러나 두 번째 기회에서는 14회 연속, 세 번째는 20회 연속으로 슛을 성공시켰다.

음료수를 따낸 메시는 CF의 첫 신 촬영에 임했다. 그것은 그를 향해 날아오는 공을 트래핑해서 점프로 바이시클슛하는 장면이었다. CF 디렉터가 유리판 중앙에 그린 빨간 표식에 공을 명중시켜야 했다. 강한 충격으로 유리가 깨지는 장면을 촬영할 계획이다.

부에노스아이레스의 식당에서 스키노카는 말했다.

"첫 슈팅은 유리에 명중하지 않았어요."

"오늘 안 끝나겠는데" 하고 어딘가에서 어시스턴트가 중얼거렸다.

그 말에 욱한 메시는 다음 슛에서 유리를 깨뜨렸다. 디렉터는 OK 사인을 냈지만, 메시는 유리를 한 장 더 설치하라고 했고, 다시 그 유리를 산산조각 냈다.

"축구에 관한 걸로 도발당하는 건 그에겐 모욕이죠."

스키노카는 눈썹을 치켜올리며 말했다.

그로부터 6년이 지난 오늘, 올림픽 스타디움의 그라운드에서 메시는 다시 카메라를 향해 슛을 했다. 다음 순간, 금속과 유리가 깨지는 소리가 요란하게 났다. 메시의 슛에 강타당한 카메라가 날아가 버린 것이다. 세트장에서 웃음이 터졌다. 다시 한 번 같은 장면을 찍기 전에 디렉터는 다시 지시했다.

"이번에도 카메라를 향해 차주세요. 단, 맞추지만 말아줘요."

메시는 작은 소리로 웃었다. 스태프들은 촬영이 끝날 때까지 메시가 오른발의 통증을 견딜지 불안했기 때문에 그의 부담이 커지지 않게끔 각 신마다 세심하게 설명하고 최대한 재촬영을 피하려고 했다.

메시는 레이저 광선처럼 정확하게 재차 같은 코너로 찼고, 덕분에 이 장면의 촬영은 30분도 안 되어 끝났다.

메시는 아르헨티나 대표팀 유니폼을 입고 있었다. 이 촬영의 목적은 어떤 골 장면의 새로운 버전을 만드는 것이었다.

2010년, 리베르플레이트의 경기장에서 열린 스페인전에 출전한 메시는 왼쪽 사이드에서 치고 들어가서 부드러운 터치의 루프슛으로 골을 넣었다. 그것은 섬세한 골이었다. CF 제작진은 아르헨티나가 4대1로 이긴 그 경기를 전부 촬영했다. 영상을 CF로 쓰기 위해서다. 그러나 강한 슛 장면을 찾던 디렉터는 그 섬세한 골에 만족 못 하고 실제 축구에 연출을 가하려고 했다.

"공 대신 스파이크로 리프팅 할 수 있어요?"

디렉터가 메시에게 물었다.

야광 오렌지색 스파이크를 발에서 발로 옮긴 뒤, 차서 카메라 렌즈를 스치듯 지나가게 해달라는 주문이었다. 메시가 스파이크로 리프팅 하는 그 영상은 많은 네티즌이 볼 수 있게끔 인터넷에 올라갈 예정이다. 유일한 조건은 양말만 신고 리프팅을 하는 것이었다.

"할 수 있을 것 같습니까?"

디렉터가 재차 확인했다.

메시는 스파이크를 발가락 끝으로 찼지만, 스파이크 끝 부분이 오른쪽 발등에 맞자 통증으로 얼굴을 찌푸렸다.

"다시 한 번 해볼래요?"

"글쎄요. 저 두 사람이 결정하라고 해요."

메시는 그렇게 말하며 그때까지 단순한 방관자로 촬영을 지켜봤던 형 로드리고와 마케팅 어드바이저를 가리켰다. 디렉터는 오로지 이 CF의 주역은 스파이크라는 이야기를 되풀이했다. 메시는 오른발의 통증을 안은 채, 곡예사가 될 수밖에 없었다.

TV에 나오는 이야기는 현실이 아니다.

"우리 시대의 위대한 정열은 축구가 아니고 TV 축구 중계다."

아르헨티나의 사회학자 후안 호세 세브랄리는 이렇게 말했다. TV에서 방영되는 축구 경기란 카메라 디렉터가 수많은 시청자를 위해 짠 스토리다. 요하네스버그의 경기장에서 남아공 월드컵 결승전을 관전한 사람은 약 10만 명이지만, TV 중계로 본 시청자는 약 10억 명에 달한다.

TV에서 방영되는 축구는 항상 공을 가진 선수를 중심으로 전개되고 거기에 불필요한 시간은 존재하지 않는다. 메시 팬의 대부분은 TV 중계로밖에 그의 모습을 본 적이 없다.

2010년 오늘, CF 디렉터가 만들려는 것은 흔한 오디오 비주얼 스토리가 아니다. 그는 메시를 만화에 나오는 영웅으로 변신시키려고 했다.

"발이 아프다고 하면 안 시킵니다."

형 로드리고가 말했다.

스파이크는 너무 딱딱하니까 다른 것으로 리프팅시켜야 한다고 로드리고가 주장하는 동안, 누군가가 하얀 빛의 조명 뒤에서 테니스공을 가지고 나타났다. 메시는 20초 이상 리프팅을 계속하다 그 테니스공을 카메라 쪽으로 찼다.

몇 주일 후, 이 영상은 인터넷에 퍼졌지만, 메시는 그 영상 안에서 테니스공 대신 형광 오렌지색 스파이크로 리프팅 하고 있다. 영상 프로듀서들이 CG로 테니스공을 스파이크로 바꾼 것이다. 메시는 서커스 곡예사처럼 보였다.

그러나 진짜 메시는 땀투성이가 되면서 골을 양산하는 노동자였다. 그는 탈의실용으로 준비된 차량에는 눈도 안 주고, 제작 스태프 전원 앞에서 유니폼을 갈아입었다. 그 옆의 금발 여성이 그가 벗은 옷을 봉투 안에 넣었다. 그것이 그녀의 유일한 일이었다. 몇 분 후, 다른 신 촬영이 시작되었다. 여성은 볼보이처럼 빠르게 메시가 벗은 셔츠를 정리했다.

"전에도 몇 번 그런 일이 있었는데요."

크리에이티브 디렉터가 말했다.

"다른 사람이 셔츠를 가지고 가면 나중에 인터넷의 이베이나 옥션 등에 팔 우려가 있거든요."

메시에 대한 페티시즘은 팬이 그를 진심으로 칭찬한다는 발로다. 메시는 이제 순수한 아마추어 이미지가 아니지만, 팬들은 여전히 아이처럼 두근거리면서 그를 지켜보고 있다. 월트 디즈니의 스토리에 감동했다는 사실을 인정하지 않았던 어른들도 지금은 튼튼한 다리와 롱볼이 어우러지고 남성미 넘치는 판타지 축구를 좋아한다고 서슴없이 공언하게 되었다. 인터넷 옥션에서는 메시 관련 상품이 2,000개 이상 올라가 있고, 그중에는 그가 미키마우스와 찍은 사진도 있다. 메시는 2010년 시즌에 신었던 하얀 스파이크를 카탈루냐의 장난감 박물관에 기증했다.

에이전트와 결별하다

젊은 천재들은 대체로 수입이 많다. 메시는 운전면허를 딸 수 있는 나이도 되기 전에 이미 0이 여섯 개나 붙은 유로화를 벌어들였다. 2005년에 그가 FC바르셀로나와 맺은 계약은 당시의 나이를 생각하면 파격적인 조건이었다. 연간 500만 유로라는 금액은 바르사와 스페인 대표팀에서 활약했던 베테랑 수비수 카를레스 푸욜과 아틀레티코마드리드의 스트라이커 세르히오 아구에로가 받는 연봉에 필적했다.

메시가 지닌 재능의 가치는 곧 그의 초상권료와 비례하게 되었다. 바르사와 계약하고 1년 뒤, 두 스포츠 브랜드가 메시의 스폰서 권리를 놓고 경쟁하다가 재판까지 가는 사태로 번졌다. 메시는 15세 때부터 그를 후원해준 나이키와 10만 유로의 가계약을 맺었지만, 중간에 다른 오퍼가 하나 끼어들었다. 아디다스가 제시한 금액은 나이키의 15배였다.

이렇게 해서 메시는 이전까지 프로축구 비즈니스에 존재하지 않았던 청소년층 시장을 개척했다. 한 축구선수를 두고 두 스포츠 브랜드가 대립한 것은 이때가 처음이었다. 결국, 이 경쟁에서는 높은 금액을 써넣은 아디다스가 이겼다.

"큰돈을 벌게 된 메시는 전과 달라졌나요?"

나는 에이전트에게 물었다.

"전혀 달라지지 않았어요."

스키노카는 단언했다.

"페라리를 살 수 있을 만큼 돈이 있는데도 회색 미니쿠퍼를 선택할 정도였으니까요."

그리고 여지를 남겨놓듯이 말했다.

"물론, 또래의 젊은이들처럼 즐기긴 했어요. 경기 끝나고 여자친구와 데이트하고 싶은데 어디 좋은 데 없느냐고 물어본 적은 있습니다."

"메시는 역시 인기가 많았겠죠?"

"내성적인 성격은 여성에게 평판이 좋죠. 메시는 여성을 안심하게 하거든요."

스키노카는 재미있는 일이 떠오른 듯 미소를 지었다. 메시처럼 내성적인 사람들의 장난기를 무분별하게 털어놓기란 어려운 일이다.

2005년, 아르헨티나 20세 이하 대표팀에서 뛰기 위해 메시는 에이전트와 부모님을 동행하고 콜롬비아로 향했다. 수도 보코타 서쪽에 있는 페레이라에서 남미 챔피언십이 개최되었다. 후보 선수인 메시는 세르히오 아구에로와 같은 방이었다. 어느 날, 기자 회견 후 여성 TV 리포터가 메시에게 인사하고 싶다며 자신의 전화번호를 적어서 스키노카에게 건넸다.

"다음날 연습할 때 저는 그 전화번호를 메시에게 전달했지만, 그는 이미 그녀와 함께 지냈다고 하더군요."

스키노카는 싱긋 웃었다. 필드 밖의 메시는 눈에 띄지 않지만, 단순히 내성적이기만 한 사람은 아니란 것을 그때 증명했다.

"어느 날, 메시가 집에서 빠져나갔다고 어머니에게서 전화가 왔어요."

메시는 그 무렵, 부에노스아이레스에서 영화 공부를 하면서 TV 프로듀서로 일하는 한 여성과 사귀고 있었다. 독일 월드컵을 대비해 대표팀 합숙에 들어가기 전, 메시는 그 여성과 만나고 싶어 했다. 부모는 로사리오의 집에서 A대표팀 데뷔를 앞둔 메시를 보살피고 싶어 했지만, 그는 식구들의 레이더에서 모습을 감췄다.

"전화를 건 어머니는 불같이 화가 나 있었어요. 메시가 나간 건 제가 그에게 차를 빌려준 탓이라고 했죠."

메시는 부에노스아이레스의 인터컨티넨탈 호텔로 피난해 있었다. 스키노카는 메시를 찾아가서 대표팀이 합숙하고 있는 에세이사 스포츠 센터로 데려갔다.

어머니에게 비난받을 줄은 몰랐다고 호소하는 스키노카에게 메시는 가방을 챙기면서 마음 쓸 필요 없다고 말했다. 스키노카가 메시와 직접 이야기한 것은 그것이 마지막이었다.

스키노카는 2년 가까이, 메시를 여러 대기업 광고에 파는 데 성공했다. 음료수, 포테이토칩, 자동차 연료, 패스트푸드, 디저트, 가전제품 등 분야도 다양했다. 게다가 바르사와 거액의 계약도 성사시켰다. 에이전트 스키노카는 축구선수 혼자서는 거둘 수 없는 성공을 메시에게 가져다주었다. 그러나 아디다스와 스파이크 CF를 계약한 지 6개월 만에 그들의 관계는 깨졌다.

"부에노스아이레스에서 만났을 때, '우리 관계는 여기까지'라고 그에게 말했어요."

메시의 아버지가 말했다.

메시라는 성이 상표로 등록되었을 때, 스키노카는 야심을 품은 신출내기 에이전트였다. 메시의 부모는 축구 비즈니스에 어두웠다. 스키노카는 메시의 어머니를 임원으로 내세워 광고 계약을 맺고, 자신의 명의로 회사를 차렸다. 이 합의에 불협화음이 나기 시작한 것은 스키노카가 한 직원을 메시 집에 파견한 날부터였다.

그 직원은 어떤 문서에 메시 부모의 사인을 받으러 왔다. 당시 호르헤 메시는 바르셀로나에 있었기 때문에 어머니 셀리아 쿠치티니가 대신 회사 조직을 변경하는 문서에 서명했다. 영어로 쓰인 그 문건에는 메시가 보유한 주식의 과반수를 스키노카가 취득한다고 적혀 있었다. 메시의 아버지는 아들의 매니지먼트에 대한 주도권을 잃었다. 속았다고 생각한 호르헤가 이 합의를 따르지 않았기 때문에 스키노카는 그를 고소했다.

"메시가 1,000만 유로를 벌 수 있느냐고 묻는다면 그건 NO입니다. 하지만 100만 유로라면 가능하다고 봤죠."

메시가 원한 것은 단지 로사리오와 바르셀로나에 집 한 채씩 짓는 것뿐이었다. 메시의 부모와 스키노카는 거액의 배상금을 둘러싸고 법적으로 분쟁했으며 서로를 사기죄로 형사고발했다.

스키노카는 목소리를 낮췄다.

"제가 메시처럼 대단한 선수를 관리하는 일은 이제 없을 것이라는 사실을 압니다. 그걸 생각하면 베란다에서 뛰어내리고 싶어요."

2010년 메시는 광고 모델로 활동할 뿐 아니라 자선가로서도 모범을 보였다. 기꺼이 유니세프 친선대사가 되기도 하고, 아버지와 함께 재단도 설립했다. 로사리오에 있는 축구 학교를 후원하는 이 재단은 아이들의 복지 프로젝트를 지원하거나 샤가스병 치료를 위한 병원을 세웠다.

아프리카와 중남미에서는 축구가 재능 있는 아이들을 가난에서 구원하기도 한다. 부를 거머쥔 그들은 자신들 경력의 일부로서 자선활동을 한다. 바르사에서 공격수로 뛰었던 사무엘 에투는 카메룬에 축구 학교를 열었고, 아르헨티나의 카를로스 테베스는 고향 부에노스아이레스의 슬럼가 푸에르테 아파체에 돈을 기부했다. 두 선수의 웃는 얼굴에는 그 자리에 오르기까지 겪은 고난이 배어 있지만, 리오넬 메시에게는 선의의 후광이 비치는 것 같았다.

잠시 후 메시는 카메라를 향해 말을 해야 한다. 올림픽 스타디움에서 진행 중인 스파이크 CF 촬영은 곧 끝나려고 하고 있었다. 메시는 아르헨티나 대표팀 유니폼을 벗고 티셔츠 위에 파란 저지를 걸쳤다. 제작 스태프가 메시에게 대사를 알려줬다.

"카메라를 보고 '만일 축구선수가 되지 않았다면 뭐가 되었을까?'라고 해주세요."

어시스턴트가 메시에게 전했다.

그것은 데이비드 베컴에게 하는 질문이라고 디렉터가 설명했다. 같은 CF에 출연한 베컴과 메시가 대화를 나누는 것처럼 보이게 하는 것이다.

메시는 잠자코 있었다.
"베컴의 답변은 이미 촬영을 했으니 질문 부분만 찍으면 됩니다."
디렉터가 말했다.
"하지만 전 베컴이 뭐가 되고 싶었는지 흥미 없는데요."

메시의 침묵이 항상 무관심을 의미하지는 않는다. 과르디올라 감독은 2009년 겨울 어느 날 아침, 바르셀로나의 훈련장에서 그것을 알았다. 팀은 연습을 시작하려고 하는데, 메시만이 모습을 드러내지 않았다. 그때는 모두 메시 몸 상태가 나쁜가 보다 했지만, 나중에 진짜 이유가 밝혀졌다. 이틀 전에 치른 세비아전에 나가지 못해서 메시는 화가 나 있던 것이다.
챔피언스리그의 중요한 경기를 앞두고 있었기 때문에 과르디올라 감독은 메시를 내버려두었다. 메시는 공 만질 기회를 빼앗기는 것을 참지 못했다. 그 사실을 과르디올라는 알지 못했다. 경기장에 서면 메시는 들러리가 되길 거부한다. 그는 자기 자신이 아닌 다른 역을 절대로 연기하려고 하지 않으며 경기력에 만족 못 할 때는 긴장된 침묵으로 자신의 심정을 표현한다.
과르디올라는 그날 이후, 메시를 벤치에 머물게 하지 않고 같은 포지션에서 경쟁하고 있던 이브라히모비치와 에투를 팀에서 내보냈다. 메시는 세 시즌 연속으로 챔피언스리그 득점왕에 올랐다. 그의 골 또한 입을 열지 않고 자기주장을 하는 방법의 하나이다.

촬영장에서 메시는 베컴에게 질문하는 것을 거부하고 있다.

"이건 단지 CF의 일부입니다."

디렉터가 설득하고 영상 어시스턴트도 촬영의 마무리를 재촉했다.

앞으로 몇 달 동안 메시가 주황색 스파이크로 리프팅 하는 모습이 인터넷에 등장하겠지만, 아무도 그 신발 속에 붕대가 감겨져 있다는 사실은 모를 것이다.

메시는 피곤한 모습으로 포르쉐 카이엔이 기다리는 올림픽 스타디움의 출구를 향해 걷고 있다. 그 표정은 발의 통증을 떠안은 채, 촬영장에 나타나 머리를 살짝 움직여서 인사하던 때와 다를 바 없다. 그런데 이제 다리는 끌지 않는다. 친절히 배웅하는 CF 디렉터의 얼굴에 물음표가 떠올랐다. 이윽고 메시 장난에 속았다며 웃었다. 그는 세계 최고 축구선수의 부상 연기에 당했다고 생각하는 것 같았다.

ⓒRasta Ruud

메시가 제임스 밀너의 다리 사이로 공을 통과시키자 루드 굴리트 日
"맙소사, 메시가 밀너를 유명하게 만들었다."

Part 3

명성을 떨치다

발롱도르
시상식

 2011년 1월 10일 오후, 리오넬 메시는 취리히의 하얏트 호텔 로비에 모습을 드러냈다. 오늘 밤 취리히의 국회의사당에서는 올해 최고의 축구선수에게 주는 상, 발롱도르 시상식이 열린다. 메시는 그 상은 자신이 아니라 전년도에 스페인을 월드컵 우승으로 이끈 바르사의 팀 동료가 받으리라고 생각했다. 스위스는 축구와 관련이 적은 나라이지만, 1년에 한 번은 가장 환상적인 축구선수가 상을 받는 곳이다. 메시는 부모와 여동생, 숙부들, 사촌 형제와 함께 로비에 나타났다. 전날까지 메시는 아르헨티나에서 가족과 함께 크리스마스와 새해를 보냈다.
 오늘 그는 돌체앤가바나의 턱시도를 입고 있었다. 단추 4개의 조끼에 새틴 깃이 달린 상의를 걸치고 주름 있는 나비넥타이를 매고 있었다. 목제 장식이 들어간 벽과 높은 천정이 로비를 감쌌다. 메시는 음식과 알프스산 소시지들이 놓인 테이블 앞에 멈춰 섰다. 그는 샴페인을 한 모금 마신 뒤, 상아색 가죽으로 된 소파에 앉았다. 50명 이상의 바르사 관계자에게 둘러싸여 있는데도 그는 외톨이처럼 보였다.

메시가 이 상의 후보로 취리히에 온 것은 2011년까지 네 번째다. 지난 시즌은 그가 상을 받았다. 이번에 또 수상하면 메시는 요한 크루이프와 같은 반열에 오르게 된다. 유럽에서 뛰는 선수 중 그해의 월드컵 우승 경력 없이 발롱도르를 받은 선수는 그 시점에 크루이프뿐이었다. 그와 달리 메시는 유성처럼 덧없는 선수가 될 수도 있었다. 이러한 행사에 참석할 기회가 많은 메시는 오늘의 의상이 예전과 겹치지 않도록 신경을 썼다.

"레오(메시의 애칭)."

아르헨티나 억양의 남성이 메시에게 말을 걸었다.

"왜 나비넥타이를 매고 왔어?"

메시는 머리를 만지며 웃었고, "이미지를 조금 바꿔보고 싶어서"라고 답했다. 호텔 정면의 입구에는 검은 리무진이 대기하고 있었다.

발롱도르 카펫이 조기 은퇴의 지름길이 되는 경우도 있다. 호나우지뉴는 발롱도르를 받았지만, 밝게 웃던 그를 정점으로 이끌었던 야심은 점점 사라지고 바르사에서 쇠퇴했다. 웨인 루니가 나타나기 전, 잉글랜드 대표팀의 에이스는 마이클 오언이었다. 그는 2001년에 이 상

PART3 명성을 떨치다

을 받았지만, 축하 분위기가 끝나자 더는 주목을 받지 못했다. 21세에 발롱도르를 받은 호나우두는 그 뒤, 골보다 부상이 잦은 시기를 보내게 되었다. 다만 그의 경우는 발롱도르 트로피를 두 번이나 거머쥐었다. 어린 나이에 영광스런 자리에 올랐다는 중압감이 야심을 사라지게 하고 인대 손상을 불러와 선수를 덧없는 유성으로 만들 수도 있다. 2011년에 은퇴를 발표한 호나우두는 "이것이 내 첫 번째 죽음이다"라고 말했다.

축구에서는 늘 장대한 드라마가 펼쳐지지만, 메시에게 그것은 지루한 영화 같은 것이다. 그는 여전히 하얏트 호텔 로비에 혼자 앉아서 텔레비전 카메라 앞에 있는 바르사 동료들의 이야기가 끝나기를 기다리고 있다. 그가 시선을 옆으로 두는 것은 팬들을 자연스럽게 피하기 위해서다.

과르디올라가 감독을 맡았던 몇 시즌 동안 메시는 주전으로 뛰었고, FC바르셀로나는 100년이 넘는 클럽 역사 중에서 가장 많은 우승을 차지했다. 최고의 팀 상을 수상한 월드컵 우승국 스페인 대표팀 중 7명의 선수 또한 이 클럽 소속이고, 과르디올라도 최우수감독상 후보였다.

발롱도르 수상자는 각국 대표팀 감독과 주장, 90명의 기자로 구성된 450명 이상의 전문가들이 투표를 해서 결정한다. 이 권위 있는 상은 커다란 명예를 의미하지만, 취리히 호텔에서 경비를 뚫고 온 팬들과 숨바꼭질하고 있는 메시는 그 엄숙함과 관련이 없어 보인다. 로비에는 양복을 입은 남성들과 걷기 힘들어 보이는, 높은 힐을 신은 여성들이 모여 있었다. 그 사이를 뛰어다니는 아이들은 영광스런 무대를 앞둔 이 광경에 결혼식 같은 가족적인 분위기를 연출하고 있다.

메시 옆에는 함께 발롱도르 후보에 올라 있는 두 명의 팀 동료가 있었다. 그중 한 사람, 안드레스 이니에스타의 부모는 비행기가 무섭다는 이유로 스페인에서 열차를 타고 왔다. 또 한 사람은 당시 바르사의 부주장 차비 에르난데스였다. 메시가 혼자 앉아서 블랙베리를 보고 있는 것을 본 그는 상아색 소파 쪽으로 다가갔다. 축구는 소년시절을 계속 사는 한 방법이다. 오늘의 메시 어린이는 작은 휴대전화를 방패삼아 팬들로부터 숨으려고 하고 있었다.

몇 개월 전이었던 2010년 11월 오후, 리오넬 메시는 블랙베리로 몇 개의 문자 메시지를 아르헨티나의 친구에게 보냈다.
"송년회를 기획해야 해."
바르셀로나에 있던 메시는 그렇게 전했다.
그 메시지는 뉴웰스의 유소년팀에서 함께했던 후안 크루스 레기사몬에게 보내졌다. 6살 때 알게 된 두 사람의 우정은 지금도 계속되고 있다. 메시는 스트라이커, 레기사몬은 골키퍼였다. 어느 날, 로사리오의 자택에서 나를 맞아준 레기사몬은 블랙베리로 메시와 채팅을 시작했고, 대화 내용을 나에게 보여주었다.
"거기 도착하면 연락할 테니까 준비하자."
메시가 보낸 문자였다.
메시지를 받으면 레기사몬의 휴대전화는 아르파(남미의 하프) 멜로디가 흘러나온다. 레기사몬은 메시와 같은 나이였지만, 연상처럼 보였다. 그의 목소리는 블루스 가수처럼 쉬었고, 긴 레게 머리 때문에 스포츠 기자들은 그를 '라스타파리(에티오피아의 하일레 셀라시에 황제를 뜻함) 레기사몬'이라고 불렀다.

"이곳은 메시에게 지상으로 내려오는 케이블 같은 곳이에요. 걔는 사람들을 만나서 기분 전환을 하곤 하죠. 친구들과 다시 만나는 걸 좋아해요."

아르헨티나에 돌아갈 때마다 메시는 초등학교 때 친구들과 밥을 먹는다. 물론 뉴웰스에서 등번호 5번을 달았던 친구 루카스 스카글리아도 참석한다. 유소년팀에서 뛰던 시절, 골키퍼 레기사몬은 수비수 스카글리아가 놓친 공을 잡았다. 같은 동네에 사는 두 사람은 거의 의식이 된 즐거움이 있다. 고기, 숯, 와인을 사서 차를 몰고 롤단이라는 마을에 가는 일이다. 그곳에는 바비큐 공간과 축구장을 갖춘, 스카글리아 부모의 별장이 있었다. 레기사몬은 이에 관해 말하고 메시와 채팅을 이어갔다.

2010년 월드컵에서 탈락한 후, 메시는 집에 돌아가고 싶다고 언론에 말했지만, 아르헨티나에서 머문 것은 단 1주일이었고, 그 뒤는 여자친구와 함께 히우지자네이루를 여행할 계획이었다. 로사리오를 떠나기 전에 메시는 유소년팀의 동료들과 아사도(아르헨티나식 바비큐)를 먹기로 했다.

"메시는 내성적이지만, 항상 시간을 내주는 친구예요. 어디 가자고 하면 같이 가죠. 게다가 상대방만 괜찮다고 하면 늘 자기가 밥을 사요."

오늘 메시는 성대한 송년회에 친구를 초대하는 일로 머리가 가득 차 있는 것 같다.

"네가 여기 오면 모두 모일 거야."

레기사몬은 문자로 메시의 제안에 찬성했다.

"아사도를 풀코스로 하자."

"좋아. 그럼 여자도 포함해서."

메시가 답했다.

메시가 보낸 메시지는 휴대전화 화면에 표시되었다. 그의 프로필 사진은 복서견과 함께 찍은 사진이 아니라 조카와 함께 찍은 사진으로 바뀌어 있었다. 형 마티아스의 아들이다.

레기사몬은 서둘러 답하려고 했지만, 메시의 입력 속도가 더 빨랐다.

"아사도 먹고 나서 여자들과 놀자."

바르셀로나에서 메시가 농담했다.

"만일의 경우, 발설하지 않도록 강에 던져버리면 돼. 하하하"

두 사람은 함께 웃었다. 친구 사이의 사적인 채팅은 남에게 보여줄 것이 못 된다.

"걔는 여기서 일주일 있는 동안에 1년 동안 못 했던 걸 다 하려고 해요."

바람둥이보다
바보

 스페인 내에서는 메시의 사생활이 노출되는 일은 없지만, 부에노스아이레스에 오면 메시는 파파라치에게 일거수일투족을 감시당한다. 메시는 푸에르토 마데로의 맨션 34층 방을 빌려서 머무는데, 파파라치들은 그 맨션이나 자주 이용하는 호텔 입구에서 여성과 함께 있는 장면을 찍으려고 매복한다.
 그런 식으로 찍힌 여성 중에 TV에 자주 나오는 한 쇼걸이 있었다. 아르헨티나를 방문한 빌 클린턴에게 스트립쇼를 선보인 적도 있는 여성이다. 인터컨티넨탈 호텔에 나타난 그 여성은 메시와 함께 방에 들어갔다. 그러나 다음 날 그녀는 메시가 돈을 주지 않아서 바로 나왔다고 밝혔다. 그녀가 요구한 금액은 2,000달러였다. 메시에게 이 여성을 소개한 사람은 후안 세바스티앙 베론의 전 연인 가브리엘라 비탈레였다. 비탈레는 TV에서 주목받은 여성들과 축구선수들을 연결해주는 중개역을 맡고 있었다. 비탈레는 메시가 교섭에 잘 응하리라 생각하고 이 쇼걸을 소개했다.

"메시는 위대한 친구예요."

비탈레는 전화로 나에게 말했다.

"아르헨티나에 올 때마다 TV에 나오는 여자아이를 소개해달라고 했어요."

메시가 비탈레와 알게 된 자리는 부에노스아이레스에서 열린 디너 행사였다. 그녀는 이미 쇼 업계에서 유명한 인사였다. 실리콘이 들어간 가슴과 소녀 같은 목소리를 가진 그녀는 TV에도 몇 번 출연해서 그 자태를 선보였다. 그러나 비탈레가 가장 주목을 받은 것은 2011년 중반, 경찰이 마약밀수조직과 관련된 의혹을 조사하기 위해 그녀의 휴대전화를 압수했을 때였다. 조사 결과, 마약밀수사건에 관여가 의심되는 문자 메시지가 발견되었고, 리오넬 메시가 그녀에게 보낸 문자 메시지도 함께 나왔다. 메시는 비탈레만 생각하면 흥분된다고 썼다.

"메시는 아직 어리니까요. 그 나이면 누구나 유명한 여자아이와 사귀고 싶어 할 거예요."

2011년 7월, 코파아메리카에 나가기 위해 부에노스아이레스로 돌아온 메시는 대표팀 합숙에 들어가기 전에 비탈레에게 연락했다. 그가 여자친구와 막 헤어졌을 무렵이었다.

"여자친구와 헤어져서 아주 침울해 보였어요. 메시는 그 공백 동안 좀 놀고 싶었던 거죠. 그는 전보다 영리해졌어요. 즐길 줄 알게 된 거죠."

비탈레가 말했다.

아르헨티나에서는 '바르사의 칸테라에서 귀여움을 받고 자란 청년'이라는 메시의 이미지가 깨지고, 놀기 좋아하는 축구선수라는 이미지가 굳어지고 있다. 다만, 술은 마시지 않는다. 작가 마르틴 카파로스는 이렇게 썼다.

'젊은 아마데우스(신동 모차르트=메시)는 아르헨티나인이 되어 가고 있다. 앞으로는 국내에서도 마라도나를 위협하게 될 것이다.'

메시가 마라도나와 비교되는 것은 이번이 처음은 아니다. 2007년, 메시가 마라도나와 흡사한 플레이로 두 골이나 넣었을 때부터 세상 사람들은 마라도나의 환생이라고 술렁였다. 다만 마라도나는 1986년 멕시코 월드컵의 중압감 속에서 잉글랜드를 상대로 골을 넣은 데 비해 메시는 헤타페와 에스파뇰에 골을 넣었을 뿐이다. 리오넬 메시의 이미지는 경기장 밖에서도 마라도나의 라이트 버전이 되고 있지만, 그것은 전설을 그리워하는 아르헨티나 국민의 바람 탓에 과장된 것 같기도 하다.

"메시 자신은 바람둥이보다 바보로 보여지길 원해요. 여자에 미친 그의 얼굴을 본 적이 없어요. 메시는 놀기 좋아하면서도 수줍음 많은 15살짜리 남자애 같아요."

조국 아르헨티나에서 리오넬 메시는 무명 시절처럼 자유롭게 사생활을 누리고 싶어 하지만, 지금으로선 불가능하다. 메시가 대표팀에서 골을 잘 못 넣던 당시, 아르헨티나인 중에는 자신의 뿌리를 버린 선수라고 생각하는 사람들도 있었다.

메시에게 로사리오는 장래를 위해 준비를 거듭했던 곳이다. 라스에라스에는 지금도 메시가 살던 집이 남아 있다. 그는 그 집뿐 아니라 유소년 축구학교, 파라나 강 옆의 가로수 길에 있는 바, 로사리오 중심부에 있는 고층 맨션을 사들였고, 차로 40분 거리의 조용한 마을 아로요 세코에 있는 풀장 달린 별장도 구입했다. 아르헨티나 국기가 처음 게양된 땅이기도 한 이 로사리오에는 아르헨티나에서 열 손가락 안에 들어가는 큰 항구가 있다. 그 맞은편, 체게바라의 생가 근처에는 메시 재단과 가족 기업 레오 메시 매니지먼트의 사무실이 있다. 거울유리로 둘러싸인 빌딩 11층에서 메시의 아버지는 아들의 재산을 관리하고 있다.

"메시, 사진 한 장만 부탁해요. 한 장만."
 어느 금발 남성이 하얏트 호텔 로비에서 메시에게 사정하고 있다.
 소파에 앉아 있는 메시는 이제 휴대전화 뒤에 숨어서 팬들을 본체만체 할 수 없음을 깨달았다. 두 금발 남성이 가운데에 앉아서, 양쪽에 있는 메시와 차비 에르난데스의 어깨에 팔을 두르고 디지털카메라의 셔터 소리를 기다렸다. 헤어질 때 키가 큰 쪽의 금발 남성이 목에 손을 대고 메시에게 윙크했다. 그것은 메시의 나비넥타이에 대한 오늘의 두 번째 감상이었다. 보통 넥타이는 감상을 얘기할 정도로 특별한 장신구는 아니지만, 나비넥타이라면 눈길을 끈다. 게다가 위대한 오케스트라 지휘자라면 몰라도 23세의 천재 축구선수가 나비넥타이를 맨 모습은 코믹하다. 그러나 그 나비넥타이는 젊은 나이에 도달한 영광의 증거이다. 그것은 현재 성공을 의미할 뿐 아니라 앞으로 찾아올 승리의 암시이기도 했다.

끊어지지 않는
우정

"우리는 경기에서 지는 데 익숙하지 않았거든요."
레기사몬은 로사리오의 자택에서 말했다.
"간혹 지기라도 하면 다 울었어요."

   메시가 처음 뛴 팀의 이름은 '머신87'이다. 팀 선수들이 태어난 해를 이름에 붙인 것이다. 이 팀은 거의 모든 경기에서 다섯 골 이상의 점수 차로 이기는 강호였다. 그들은 아르헨티나 각지로 원정을 갔고, 페루 국제대회에서도 우승했다. 매년 30경기에서 100골 이상 넣었던 메시의 기록은 지금도 깨지지 않고 있다. 메시는 매번 승리하는 팀의 원동력이었다.

   축구에 대한 로사리오 시민들의 열기는 서로 앙숙 관계인 보카와 리베르의 경쟁심에 필적한다. 로사리오를 대표하는 두 팀의 서포터들에게는 그러한 흉포함이 엿보이는 애칭이 붙어 있다. 뉴웰스올드보이스의 서포터는 '로스 레프로소스(한센병 환자)', 로사리오 센트럴의 서포터는 '로스 카나쟈스(불량배)'이다. 그 격렬한 적개심은 두 팀뿐 아니라 아르헨티나 리그의 모든 구단에 향해 있다. 메시는 유소년팀의 중심 선수이던 시절에 바르셀로나로 건너갔기 때문에 당시의 메시를 기억하는 서포터는 지금도 그를 뉴웰스의 리더라고 생각하고 있다.

리오넬 메시가 축구를 하던 연습장에는 '말비나스 제도(포클랜드 제도)'라는 이름이 붙여져 있다. 잔디가 거의 없어, 골키퍼들이 게을러지기 쉬웠다. 골키퍼 레기사몬이 세운 최소실점기록도 아직 깨지지 않고 있다.

역경을 이겨낸 사람들은 강해진다. 메시를 배출한 이 유소년팀은 아르헨티나에서 가장 수준이 높은 육성기관 중 하나다. 이곳에서는 6세부터 12세의 아이들이 여섯 개의 카테고리로 나뉘어 주말이 되면 약 300명의 소년이 프로 선수를 꿈꾸며 경기에 나선다. 이 구단에서 세계적으로 유명한 축구선수들이 나왔다. 뉴웰스의 서포터라면 누구나 바티스투타, 센시니, 발보, 발다노, 비엘사 같은 이름을 바로 댈 수 있을 것이다. 바르셀로나에 가기 전에 아르헨티나 유소년 축구를 정복한 메시는 맨땅 경기장의 악조건 속에서도 골을 넣었다.

"이곳의 문제는 영양 섭취가 부족한, 몸집이 작은 아이들이 온다는 점이에요."

에르네스토 베키오는 말했다. 베키오는 메시가 스페인에 가기 전, 수년 동안 메시의 감독이었던 인물이다.

지금도 그는 뉴웰스에서 같은 일을 하고 있다. 유소년팀 감독 경력은 30년이 넘었다. 니코틴에 물든 콧수염을 짙게 기른 그는 자동차수리공장의 사장이기도 하다. 그 수입으로 쭉 생활했다. 감독 일은 한 주에 3일 했다. 보수는 한 푼도 받지 않다가 올해부터 받기 시작했다.

"메시는 작았지만, 영양부족은 아니었습니다. 걔는 피곤한 법이 없었어요. 다리에 힘을 꽉 주고 달려드는 상대를 견뎌냈죠."

베키오는 축구선수가 아니라 권투선수를 키운 사람처럼 주먹을 꽉 쥐었다. 회원증 99231번의 메시는 세 팀에서 동시에 뛰고 있었기 때문에 주말에는 한 경기 끝나고 몇 시간 뒤에 다른 경기에서 뛰느라 바빴다.

"메시의 아버지는 늘 골문 뒤에서 경기를 지켜봤어요. 다른 아버지들과 얘기도 안 하고요."

다른 아이들이 집에서 본 것만 반복하는 나이에 메시는 가르침을 잘 받아들이는 공격수였다.

"메시는 좋은 가정환경에서 자랐지만, 거의 매일 팀 동료의 아버지가 데려왔어요. 그의 아버지는 거의 오지 못했죠."

당시 메시의 아버지는 아르헨티나에서 가장 큰 제철공장의 감독이어서 풀타임으로 일하고 있었다. 어머니 셀리아 쿠치티니는 육아에 전념하고자 코일 공장 일을 그만두었다. 막내딸 마리아 솔이 아직 손이 많이 가는 나이였기 때문이다.

유소년팀 감독 베키오의 황금기는 메시가 뛰던 때였다.

"메시는 팀의 모든 것이었습니다."

감독은 말했다.

현재 후안 크루스 레기사몬은 센트럴 코르도바라는 팀의 골키퍼를 맡고 있다. 4부 리그 프리메라C에 속한 로사리오 연고의 팀이다.

유소년팀의 옛 동료들에게 메시는 지금도 특별한 기분을 맛보게 해주는 VIP 패스포트였다. 소년 시절의 우정을 저버리지 않고 있는 메시는 완전히 어른이 된 그들과 함께 떼로 몰려나가기도 한다. 최근 몇 년 동안 크리스마스에는 로사리오의 '마담'이란 자칭 남미 최대의 클럽에 옛 동료들을 초대했다. 그들이 있는 VIP룸 앞에는 메시에게 인사하려는 사람들이 긴 행렬을 만들고 있었다. 메시는 화장실에 갈 때마다 몇 명의 경호원과 동행해야 했다. 메시 혼자서는 인파 속에서 움직일 수 없었기 때문이다. 레기사몬은 스타 배우 그늘에 있는 조연처럼 그 쇼를 바라보고 있었다.

"솔직히 메시를 잊은 시기도 있었어요."

4부 리그 골키퍼가 말했다.

바르셀로나로 떠난 메시는 얼마 동안 근황을 알리지 않았다. 아직 메일계정도 만들지 않았던 시기다. 3년 동안 소식이 없어서 옛 팀 동료들은 이제 메시는 돌아오지 않으리라 생각했다. 그동안 메시는 바르셀로나에서 장래의 보장도 없이 혹독한 시련에 견디고 있었다. 엄격한 FC바르셀로나에 적응하려고 했던 것이다.

로사리오의 친구들은 아직도 메시를 매일 밤 성장호르몬 주사를 맞아야 했던 '난쟁이'로 보고 있었다. 레기사몬은 그를 떠올릴 때마다 측은해 했다.

"메시의 다리는 주사 자국투성이였어요. 하지만 우리는 그게 뭔지 잘 몰랐죠. 아직 어려서 노는 일밖에 흥미가 없었거든요."

긴 공백기를 거쳐 드디어 바르셀로나에서 돌아온 메시도 일단 놀고 싶어 했다. 모습을 드러내지 않았던 3년 사이, 메시는 나이키가 후원하는 선수로 성장했다. 유럽의 유명 구단으로부터 오퍼를 받고 아르헨티나 대표팀 소집을 앞둔 그의 이름은 모국에도 알려지게 되었다. 자신의 가치를 자각한 메시는 프로 축구선수로서 첫 계약을 맺을 때까지 친구들과 만나는 것을 미루고 있었다. 그 유명한 바르사에 들어갔다고 해도 뉴웰스의 친구들에게 메시는 여전히 지기 싫어하는 꼬마 리더였다. 그들은 메시가 아르헨티나 20세 이하 대표팀의 일원으로 U-20 월드컵과 베이징 올림픽에서 우승하는 모습을 TV로 봤다.

고향에서
열린 경기

    아르헨티나 A대표팀이 로사리오에서 경기할 때, 메시는 지인들을 위해 입장권을 준비했다. 대표팀에서 선발로 뛰는 자신을 모두가 현장에서 봐주었으면 해서다. 2009년 겨울밤, 남아공 월드컵 남미예선에서 아르헨티나는 브라질과 만났다. 감독은 마라도나였다.

    경기는 관중으로 가득 찬 로사리오 센트럴의 경기장에서 열렸다. 후반, 베론이 메시에게 패스했다. 1-2로 뒤져 있던 아르헨티나에게 이 라이벌 매치를 동점으로 가져갈 기회가 왔다. 메시는 공간을 찾았지만, 두 브라질 선수에게 마크당해 공을 빼앗겼다. 그 뒤, 메시가 다시 공을 받는 일은 없었다. 브라질은 롱볼로 만든 기회를 놓치지 않고 추가 골을 넣어 3-1로 이겼다.

    메시는 침울했다. 그는 친구들 말고도 유소년팀 시절의 감독 베키오가 왔다는 사실을 몰랐다. 에르네스트 베키오는 경기장까지 왔지만, 입장권이 없어서 종료 후에 경기장 입구로 갔다. 가장 마음에 남는 제자를 베키오는 벌써 10년이나 만나지 못했다.

"잠시 기다리니까 메시가 버스를 타고 나오더군요. 멍한 얼굴로 앉아 있었어요."

옛 스승은 말했다.

메시는 그날, 베키오가 지도했던 때처럼 플레이하지 못했다. 성공할 때까지 고향에 돌아가지 않겠다던 메시는 그날 밤, 태어나고 자란 로사리오에서 브라질에 졌다.

"전 손을 들어서 신호를 보냈어요."
"메시가 당신을 봤나요?"
"네."

베키오는 니코틴으로 노랗게 물든 입가에 웃음을 지었다.

"손으로 키스를 보내주더군요."

베키오는 그날 이후 메시를 만나지 못했다.

지기 싫어하는 메시는 과거 성장호르몬 치료비 부담을 거부했던 뉴웰스를 다시 방문했다. 비가 올 때마다 매번 침수되는 구단 설비를 보수하는 비용으로 22,000유로를 기부했다. 그것은 감사의 표시이기도 했고, 소년 시절의 친구들과 부를 나누는 방법의 하나이기도 했다.

메시가 레기사몬에게 송년회 파티 계획에 관해 채팅으로 농담할 때, 레기사몬은 장난꾸러기 같은 표정으로 대화를 주고받았다. 그의 인생은 메시와 재회하는 일로 속도가 붙고, 메시가 사라지면 느려질지도 모른다. 그의 집 거실에는 두 사람이 웃으며 찍은 사진이 딱 한 장 남아 있었다.

레기사몬이 가장 소중히 여기는 기억은 메시의 셔츠나 스파이크도, 인상적인 골도 아니다. 그가 가장 잘 기억하는 것은 메시가 지각했던 경기였다. 레기사몬은 골키퍼로 출전했다.

"메시는 하프타임 때 왔죠."

그 경기는 결승전이었고, 우승팀에는 선수 전원에게 자전거를 상으로 주기로 되어 있었다. 그러나 뉴웰스는 전반전에 두 골 차로 지고 있었다. 그 무렵 메시는 자기 집 화장실 문이 잠겨서 나오지 못하고 있었다. 유리창을 깨고 겨우 탈출한 그는 경기장으로 달려왔다. 후반전부터 나온 메시가 해트트릭을 기록하여 팀은 우승했고, 선수들은 각자 새 자전거를 타고 집으로 향했다.

눈을 크게 뜨고 이야기하던 레기사몬은 갑자기 집중하는 골키퍼처럼 머리를 올렸다. 메시로부터 또 문자가 왔다.

"메시가 당신 이름을 물어보는데요."

레기사몬은 그렇게 말하고는 블랙베리 화면을 나에게 보여주었다. 문자 메시지로 송년회에 관해 상의를 끝낸 메시는 누가 자신을 캐고 있는지 궁금해진 것이다. 외부인 앞에서 사적인 모임을 계획하는 데는 두 사람 다 별 망설임이 없었던 것 같다.

레기사몬은 내 이름을 블랙베리에 재빨리 입력한 뒤, 이제 가야 한다고 말했다. 점심을 먹으러 오라고 어머니가 부른단다. 어머니가 차린 식탁으로 가기 위해 일어나는 그의 모습에는 자전거를 차지하기 위해 메시와 뛰었던 소년 시절의 얼굴이 남아 있었다.

2010년 남아공 월드컵이 끝나자 기자들은 왜 메시 같은 프로 선수가 질 때마다 울었는지 궁금해했는데, 어쩌면 "메시는 지금도 자전거를 위해서 뛰고 있다"는 멕시코 작가 후안 비요로의 말이 그 답일지도 모른다. 레기사몬이 그 대회에서 받은 오프로드 바이크풍의 자전거는 지금도 잘 달린다.

2010년 오늘, 하얏트 호텔의 로비에 있던 메시는 최우수선수상 발표를 들으러 리무진을 타고 국회의사당으로 향한다. 로비에서는 이제 메시에게 사진 찍자고 조르는 사람이 없었다. 그는 투명인간이 되고 싶어 했다. 턱시도를 차려입은 스타 메시에게 그것이 가능하다면 말이다.

나비넥타이를 맨, 점잖은 모습의 메시를 보고 웨이터라고 생각한 사람도 있는 것 같다.

"미스터 레오."

메시를 부르는 소리가 들렸다.

"저기요. 코카콜라 좀 갖다 줄래요?"

그렇게 웨이터를 부리는 대부호 흉내를 낸 사람은 바르사의 수비수 헤라르드 피케였다. 두 사람 앞에서 팀 동료 다비드 비야, 카를레스 푸욜이 웃고 있었다. 메시는 웃으며 공손히 머리를 숙이고 집사 흉내를 냈다. 관객을 앞에 둔 그는 농담에 어떻게 대응할지 당황한 것처럼 보였다.

당시 축구계에는 4년마다 지켜지는 불문율이 있었다. 그것은 유럽 구단의 선수 중 월드컵 우승을 경험한 선수가 발롱도르를 수상한다는 관행이었다. 이는 요한 크루이프를 제외하고, 1966년 보비 찰튼, 1982년 파올로 로시, 1990년 로타르 마테우스, 1998년 지네딘 지단, 2002년 호나우두,

그리고 2006년 칸나바로가 그것을 입증했다.

  5살 때 처음 트로피를 거머쥐었던 메시는 오늘, 스타 선수들 곁에서 시중드는 사람처럼 행동하고 있다. 발롱도르 행사는 장난감을 차지하기 위해 뛰던 과거로부터 단절된 것처럼 느껴진다. 메시는 자신이 상을 받는 일은 없다고 생각하면서도 나비넥타이를 맸다.

만날 수 없는
손자

　리오넬 메시는 고향 로사리오로 돌아오면 반드시 살던 집에 찾아간다. 그가 13살 때까지 살던 그 집은 현재 거의 빈집 상태다. 메시가 거기서 머무는 시간은 아주 잠깐이기 때문에 근처에 사는 사람들은 메시가 온 것을 나중에서야 아는 경우가 많다. 메시가 시간 대부분을 보내는 곳은 그 집이 아닌, 로사리오 중심부로부터 30㎞ 떨어진 별장이다.

　고향 집 맞은편 가판점에서 과자를 파는 여성은 메시 가족들이 몇 주 여기에 안 오니까 조부모 집에 가보는 게 좋다고 조언해주었다. 로사리오 남부에 있는 라스에라스는 노동자들이 많이 사는 지역이다. 여기에 오는 사람은 근처에 사는 사람이나 인터폰을 누르면 메시와 만날 수 있다고 생각하는 로사리오 팬들 정도다. 그러나 우편함에 셀로판테이프로 붙여진 종이에는 '초인종 고장'이라고 쓰여 있었다.

　메시 일가가 소유한 집은 라스에라스에 한 채 더 있다. 그곳에는 조부모 에우세비오 메시 바로, 로사 마리아 페레스 마테우가 살고 있다. 젊은 시절부터 여기서 산 노부부는 현재 빵집을 운영하고 있다. 빵집 손님 이외에는 그들의 집을 찾아오는 사람들이 뜸했으며, 자식들이나 친척조차 자주 얼굴을 내밀지 않았다.

유명인의 조부모는 천재 DNA 해명에 집착하는 전기 작가들에게 주목을 받을지 모르지만, 축구선수의 경우는 태어나고 자란 곳이 더 주목을 받는다. 슬럼가 비야 피오리토는 마라도나 덕분에 유명해졌다. 트레스 코라소에스는 펠레가 나타나기 전까지 아무도 그곳을 몰랐다. 축구선수의 전기에는 항상 태어나고 자란 곳이 유전자에 영향을 주었다고 쓰여 있다. 아약스의 경기장에서 불과 5블록 떨어진 곳에 사는 요한 크루이프의 아버지는 후에 아들이 1부리그 데뷔를 하게 되는 아약스에 과일과 채소를 도매로 팔았다.

메시의 고향 라스에라스는 군의 병영시설 흔적이 남아 있는 12구역 정도의 작은 지역이다. 이곳에 늘어선 집들에 사는 사람들은 동전 한 닢까지 소중히 여기면서 검소하게 생활하고 있다. 메시의 할아버지 집은 이 주변에서 가장 높은 건물이며 2층에는 베란다와 에어컨, 창문 4개가 달려 있다. 주변 거리에는 빼빼한 나무들이 심어져 있었고 그곳을 왕래하는 주민들은 모두 안면이 있었다.

메시의 조부모와 부모는 결혼하기 전부터 라스에라스에서 살던 사람들이었다. 형들의 여자친구들도 같은 지역 출신이었다. 아내와 사별한 외할아버지 안토니오 쿠치티니도 라스에라스에서 살고 있다. 먼저 보낸 그의 아내는 리오넬 메시가 공식 석상에서 유일하게 이름을 말한 할머니, 셀리아 올리베이라 데 쿠치티니였다. 메시를 처음 축구 연습장에 데려가준 외할머니 셀리아는 메시가 10살 때 세상을 떴다. 메시는 지금도 경기장에서 골을 넣으면 하늘을 올려다보며 천국에 있는 외할머니에게 그 골을 바친다.

손자라고 꼭 친척 모두와 교류가 있는 건 아니다. 그것은 메시도 마찬가지다. 친할아버지인 에우세비오 메시의 집은 메시의 집에서 2블록 떨어진 곳에 있다. 에우세비오는 메시라는 성을 에워싼 성공의 세계와는 동떨어진 인상을 준다. 그의 집 현관은 금속 문이었고, 그 옆의 창문은 접객용으로 활짝 열려 있었다. 에우세비오 메시는 사업을 즉흥적으로 시작했다. 빵과 파스타를 파는 자리는 전에 침실로 쓰였던 방이다.

에우세비오의 금속 테 안경으로부터는 그의 섬세한 성격이 엿보이지만, 몸의 마디마디가 튼튼해서 도무지 85세로는 보이지 않았다. 손은 메시처럼 컸지만, 펜치로 잡듯이 꽉 악수하는 점은 메시와 달랐다. 에우세비오는 옷깃과 소매 끝이 닳아 해진 셔츠의 주머니에 계산용 볼펜을 넣고 다녔다. 그가 아내와 사는 집의 땅은 딸 그라디스의 집 정원과 이어져 있다. 머리를 금색으로 물들인 그라디스 메시는 메시와 거의 교류가 없는 숙모이다.

"벌써 1년 넘게 메시와 만나지 못했어."

현관문을 열자마자 에우세비오는 말했다.

그 체념한 듯한 울림으로부터 메시가 없는 생활이 그에게 지극히 당연하다는 사실을 알 수 있었다. 할아버지할머니와 손자의 관계에서 흔히 있는 이야기다.

벽에는 U-20 월드컵 우승 트로피를 든 메시의 신문 1면 기사가 있었고, 그 옆에는 성모 마리아 엽서가 붙어 있었다. 식당의 남은 공간에는 고추, 마늘, 양파 무늬의 비닐 보를 깐 테이블과 노란 카나리아가 있는 하얀 새집, 텔레비전, 의자 4개, 그리고 상체를 일으킬 수 있는 간호용 침대가 놓여 있다. 좁은 나무 계단은 윗층으로 이어졌다. 벽의 도장에는 균열이 있었고, 유일한 조명인 노란 전구에 비쳐졌다. 리오넬 메시의 아버지이자 매니저인 아들이 있었다고는 도저히 생각할 수 없는, 검소한 집이었다.

보랏빛 묵주를 목부터 내려뜨린 할머니 로사는 침대 한 구석에 앉아서 이쪽을 관찰하고 있다. TV에서는 일요일 오후마다 하는 코미디 영화가 나오고 있어서 크게 웃는 소리가 들렸다.

"1년 반 전이지."

에우세비오가 다시 말했다.

그날 로사리오의 휴가 일정을 끝낸 메시는 고향 집 현관 앞에서 차를 타려고 했다. 길에 나온 순간, 팬들로 둘러싸였기 때문에 그는 도망치듯 차를 타야 했다. 에우세비오가 메시를 본 것은 그것이 마지막이었다.

할아버지할머니는 대개 얼굴을 내밀지 않는 손자에 대해 불평하기 마련이다. 그러나 에우세비오는 많은 사람에게 둘러싸인 손자에게 다가갈 수 없었다며 흔하지 않은 탄식을 했다.

"걔도 내 모습이 안 보였을 거야."

메시는 친숙한 고향을 떠났지만, 어린 시절을 보낸 집은 이후에도 소중히 다뤘다. 2층과 차고를 증축하고 겉모습에도 손을 댔다. 메시가 태어나기도 전에 그 집의 기초를 세운 것은 할아버지 에우세비오였다. 그는 로사리오 근방의 농촌에서 자랐고 그 후 도시로 넘어왔다. 미장공과 운송업자로 일한 수입으로 땅을 산 그는 손수 집을 짓고, 그 뒤 메시의 집도 지었다. 할머니 로사는 젊은 시절, 주택을 청소하는 일을 했다. 빵집은 메시가 태어나고 얼마 뒤부터 시작한 사업이었다.

노부부는 손자 메시가 라스에라스의 길바닥에서 아침부터 밤까지 놀았다고 한다. 메시와 형들은 그란돌리에 있는 축구팀 연습에도 참여했다. 처음 정식 경기장에서 뛴 것도 이곳이었다. 에우세비오는 업무용 트럭으로 메시를 연습장에 데려다주었고, 가끔 데리러 가기도 했다. 그 뒤, 메시가 뉴웰스로 옮기고 나서는 아버지 호르헤가 데려다주게 되었다.

에우세비오는 다정하게 웃으면서 그 펜치 같은 손을 자꾸 움직였다. 하지만 할머니 로사는 조금도 웃지 않았다.

"메시에게 성장호르몬 주사를 놔야 했을 때, 걔들은 아주 가난했지."

할머니가 침대에서 말했다.

그 목소리는 컸지만, 우물거리는 말투라서 알아듣기 힘들었다. 할머니 로사 페레스 마테우의 말은 손자가 성장호르몬 주사를 맞아야 했던 시절에 관해서였다. 그 비용은 아버지 호르헤가 받는 월급의 절반을 넘었다.

"아, 글쎄, 애를 넷이나 키워야 했거든."

그렇게 말하고 로사는 손수건을 입가에 댔다.

할머니들은 곧잘 아이의 비밀이나 아이가 부끄러워 할 얘기를 말해버리고는 한다. 물론 손자가 창피를 당할 수도 있다. 메시가 라스에라스를 방문하고 몇 개월 뒤, 외할아버지인 안토니오 쿠치티니는 어떤 라디오 프로그램에서 손자의 사생활에 관해 말했다.

"메시는 지금 아무하고도 안 사귀어요. 여자친구가 한 명 있었지만 싸웠죠. 괜찮아요. 걔는 아직 어리니까요."

그건 안토넬라 로쿠조에 관한 이야기였다. 메시가 평소 자신의 사생활을 절대로 공개하지 않는다는 사실을 안토니오는 생각하지 못했던 것이다.

할아버지할머니들은 언제나 우리가 잊어버린 옛일을 기억하고 있다. 하지만 손자가 늘 빵집에서 동전을 달라고 보챘다는 이야기를 하던 로사는 갑자기 목소리가 거칠어졌다. 입 안의 고르지 못한 치열이 엿보였다.

"나는 빵과 우유를 주며 걔들을 키웠는데, 지금 내 꼴을 보라구."

로사 페레스 마테우는 팔과 팔꿈치, 허리뼈가 골절되어서 2층 침실로 올라갈 수 없게 되자 침대를 식당으로 가져왔다. 다리 수술을 했고 이도 약해졌다. 로사는 연금생활자를 위한 복지제도가 제대로 실행되지 않고 있다고 불평했다.

"하지만 앞으로 아들이 이 집의 세금을 내줄 거야."

에우세비오가 가로막았다.

"그러면 아주 든든하지."

로사는 홱 고개를 돌렸다.

메시 일가가 있는 라스에라스는 하나의 대가족 같다. 성씨도 몇 안 된다. 아레야노, 히메네스, 바예호스, 키로가, 바레라, 쿠치티니, 메시. 메시 집 앞에서 가판점을 운영하는 여성의 성은 칼카뇨 데 키로가이다. 딸이 하나 있는 과부다. 근처 사람들은 힘든 상황에 놓인 그녀의 수입을 조금이라도 늘려주기 위해 다른 가판점에서 사는 일을 그만두었다.

이웃집
여자아이

근처에 사는 한 어머니가 리오넬 메시에게 수유한 적이 있다.
"우리는 사촌처럼 지냈어요."
신티아 아레쟈노는 자기 집 현관에서 그렇게 말했다.

리오넬 메시는 그녀보다 1개월 반 늦게 태어났다. 두 사람의 집 마당은 벽 하나를 두고 이웃하고 있었다. 메시를 낳은 쎌리아 쿠치티니는 얼마 뒤 자신의 모유량이 부족하다고 느꼈다.

그래서 꼭 필요할 때는 아레쟈노의 어머니가 메시에게 자기 젖을 주었다. 같은 모유를 먹고 자란 그때부터 양가는 친한 사이가 되었다고 한다. 초등학교에 입학하자 메시는 늘 아레쟈노 근처에 앉았다. 선생님에게 말을 잘 못 하는, 내성적인 메시를 위해 그녀는 통역 역할을 해주었다.

아레쟈노가 청춘을 보낸 라스에라스는 택시 운전기사조차 가기 싫어하는 위험 지역이다. 당연히 밤에 혼자 걸어다니는 것도 금물이다. 아레쟈노의 집 현관과 보도 사이에는 바닥부터 지붕 높이까지 높은 쇠창살이 설치되어 있다. 이 일대의 집들은 모두 같은 형태다. 메시가 떠날 때는 평화로웠던 라스에라스이지만 지금은 그렇지 못했다.

"저는 늘 메시 집에 들러서 학교에 같이 갔어요. 좋아하는 여자애 있니? 하고 묻기도 하면서요. 하지만 절대 털어놓지 않았어요."

"담임 선생님은 당신이 메시 대신 말을 했다던데 맞아요?"

나는 물어봤다.

"맞아요. 메시는 아주 작고 수줍음 많은 애였거든요. 저는 늘 걔 대신에 손을 들었어요."

그녀는 웃었다.

메시는 축구에 전념하기 위해 공부를 그만두었다. 반면 아레쟈노는 심리학을 공부해서 지적장애가 있는 아이들을 가르치는 교사가 되었다. 갈색 머리를 한 그녀의 목소리는 차분했고, 남의 말을 잘 들어주는 여성이라는 걸 알 수 있었다.

"메시를 지켜줘야겠다고 생각했어요. 그런 타입의 애한테 전 늘 흥미가 있었거든요."

아레쟈노도 메시의 할아버지 집에 가보라고 권했다. 이걸로 두 명째이다.

"메시는 지나치게 조용하고 산만한 부분도 있는데, 그런 성격은 누굴 닮았을까요?"

나는 할아버지 에우세비오에게 물었다.

그는 단단한 몸을 굽혀서 아내의 침대 한쪽에 앉았다.

"지 아버지일지도 모르지."

그리고 틈을 두고 말했다.

"호르헤는 조용히 말하는 타입이니까."

로사도 급히 답했다.

"며느리가 성깔이 있지. 호르헤를 꽉 잡는 건 개야."

고부 갈등은 어느 가정에서나 흔한 광경이며, '위대한 남자 뒤에는 위대한 여자가 있다'는 표현이 자주 쓰인다. 프랑스 소설가 알렉상드르 뒤마의 작품에서는 범죄 신고를 받을 때마다 주인공인 경감이 "여자를 찾아라"라는 지시를 내린다. 그것은 진실에 다가가려고 하는 경감의 본능이다. 메시는 등에 어머니 초상화를 그려 넣었다. 메시의 아버지 등에도 한 여성이 있지만, 그 사람은 메시의 어머니가 아니다.

에우세비오는 바닥을 내려 보았다. 로사는 그 침묵을 틈타 나에게 물었다.

"그래서 바르셀로나는 어때?"

할아버지 에우세비오 메시는 이탈리아인의 손자였고 할머니 로사 페레스 마테우의 부모는 카탈루냐 출신의 농민이었다. 로사는 부모가 태어나고 손자가 명성을 거머쥔 카탈루냐에 간 적이 없다고 한탄했다.

리오넬 메시의 인생과 아르헨티나를 대표하는 저명인사들의 인생에는 몇 가지 공통점이 있다. 예를 들어 어린 나이에 가정으로부터 떨어지는 일, 가난, 출신, 병 등. 바로 에비타, 체게바라, 가르델, 마라도나의 이야기이기도 하다. 아르헨티나 작가 마르틴 카파로스는 "세계적으로 유명한 아르헨티나인 대부분은 그 지위에 오르기 위해 아르헨티나인임을 포기해야 했다"고 지적했다. 메시도 지금은 아르헨티나 국민으로부터 구세주로 기대를 받고 있지만 그 재능을 처음 인정받은 곳은 고국이 아니었다.

라스에라스에 메시의 이름이 들어간 기념비나 기는 없다. 그곳에 있는 것은 민간신앙의 성인을 위해서 만들어진 재단뿐이다. 이 지역 사람들은 안토니오 마메르토 힐 누네스, 일명 가우치토 힐을 숭배하고 있다. 폭이 넓은 바지와 모자를 쓴 이 가우초(남미의 카우보이)는 19세기 내전 중 전선에서 탈주한 죄로 사형 당했다.

참수형을 당하기 전, 가우치토 힐은 중병에 걸린 아들이 있는 사형집행인에게 자신의 이름으로 기도하면 아들을 살릴 수 있다고 전했다. 그 뒤, 사형집행인이 그의 말대로 기도를 올리자 아들의 병은 나았다. 그때부터 사람들은 이 기적과 부성애로 넘친 행위를 신앙으로 삼기 시작했다. 시멘트로 만들어진 가우치토 힐의 동상은 메시 집의 길모퉁이에 세워져 있다. 주민들은 뽕나무 밑에 있는 그 동상을 소중히 지키며 언젠가 자신들의 기도를 들어주길 바라고 있다.

근처의 주민들이 메시 집 앞에서 마지막으로 메시를 맞아준 것은 그의 팀이 U-20 월드컵에서 우승했을 때였다. 라스에라스는 미래의 마라도나를 환영했다. 그가 성장하면 분명히 제2의 마라도나가 될 것이라고 믿었다. 신티아 아레쟈노는 주민들이 모은 돈으로 물감, 붓, 천을 샀다.

"아침 5시까지 기다렸어요. 도착한 메시는 감동해서 몸을 떨었죠."

어렸을 때부터 메시의 사생활은 베일에 싸여 있었다. 신중한 아레쟈노는 비밀 얘기를 할 때, 몸을 앞으로 기울인다. 메시가 밝히지 않았던 비밀은 어떤 여자애를 좋아하는지만이 아니었다. 아레쟈노는 초등학교 졸업

여행 직전에 메시가 호르몬 주사를 맞고 있다는 사실을 처음 알았다. 여행의 목적지는 산과 호수가 있는 코르도바 주의 마을, 카를로스파스였다. 반 친구들끼리 1주일 동안 함께 지낼 예정이었다. 그 여행을 돕기로 되어 있는 아레쟈노의 어머니는 출발 전에 특별한 부탁을 받았다. 이웃에 사는 셀리아 쿠치티니가 그녀에게 메시의 호르몬제를 맡기고 아들이 매일 밤 잊지 않고 주사하는지 봐달라고 부탁했다. 그녀의 딸 신티아 아레쟈노는 이때 처음 메시가 성장호르몬 장애로 힘들어한다는 사실을 알았다.

라스에라스에 발을 들여놓자 그곳에는 과거의 세계가 펼쳐져 있었다. 3개월 전, 아레쟈노 가족은 전화회선 설치를 신청했고 초기비용도 냈지만, 전화는 지금도 연결되지 않았고 인터넷도 연결되지 않았다. 전화 회사는 이 지역을 제대로 지원하려고 하지 않았다. 아레쟈노와 메시는 문자나 전화로 연락을 주고받고 있지 않다. 라스에라스는 여전히 아날로그적인 곳이지만, 여기에 사는 노인들이 이 땅을 떠나는 일은 없을 것이다.

할머니 묘를 찾아서

메시는 11살 때 처음 부모 없이 살던 지역 밖으로 나왔다. 지금도 골을 바치곤 하는, 외할머니 셀리아의 묘를 찾기 위해서다. 그것은 봄날 토요일이었다. 근처에 사는 친구와 함께였다.

"메시가 꼭 묘를 보러 가고 싶다고 했어요."

디에고 바제호스는 말했다.

메시는 그 이상 설명하지 않았다. 그날 아침, 시외버스를 탄 두 사람은 내릴 정거장을 지나치지 않도록 창밖 경치를 지켜봤다. 바제호스는 메시 집과 가까운 곳에서 쭉 살고 있었다. 두 사람은 함께 학교에 다녔다. 살던 동네 밖으로 나간 일은 바제호스도 그때가 처음이었다.

현재 바제호스는 거무스름한 피부와 긴 머리의 청년으로 성장했다. 타이어 공장에서 일하는 그는 록밴드 결성을 꿈꾸며 기타를 쳤다. 기타에는 아르헨티나 대표팀 유니폼을 입은 메시의 사진이 붙어 있었다.

메시의 외할머니는 로사리오에서 버스로 30분 거리의 마을, 고베르나도르 갈베스의 묘지에 잠들어 있다. 그 마을에는 드러난 배수구를 따라 판잣집이 늘어서 있고, 비포장 길에는 들개가 돌아다니고 있었다.

"저는 돌아가자고 했지만, 걔가 가자고 하면서 말을 안 들었어요."

11살짜리 두 소년은 묘를 찾아다녔다. 메시는 길을 안다고 했지만, 도중에 미아가 되었다. 그들이 그때까지 도전한, 가장 위험한 계획이라고 해봐야 둘이서 길거리 가게에 햄버거를 먹으러 간다든가 건축현장을 모험한다든가 도둑 놀이하려고 펜스를 기어올라 군의 병영시설에 숨어드는 게 고작이었다. 그러나 메시는 묘를 찾기 전까지는 집에 안 간다고 바제호스에게 말했다.

바제호스는 지금도 어머니와 살고 있다. 그는 벽장에 있던 DVD를 방의 TV에서 재생하기 시작했다. 화면에 나온 것은 달팽이로 분장한 메시였다. 뒤에서는 어느 숲의 이야기를 낭독하는 여성의 목소리가 들려왔다. 바제호스도 귀뚜라미 모습으로 등장했다. 그것은 초등학교 입학 후 얼마 지나지 않아 했던 연극이었다. 학생들은 사라질 위기의 동물들이 사는 숲의 벌레들을 연기했다. 메시는 종이에 천을 붙여서 만든 껍데기를 등에 지고 천천히 움직였다. 아이들의 의상은 빌린 것이 아니었다. 만듦새를 보니 식구들이 몇 시간은 걸려서 꼼꼼히 만든 의상으로 보였다.

친구들이 말하는 메시의 소년 시절 일화나 지금 TV에서 나오는 영상은 모두 어머니 셀리아가 지켜보는 가운데 일어난 일이다. 화면에 나온 메시는 모든 장면에서 생글생글 웃고 있었다.

바제호스는 다른 DVD를 넣었다. 거기에 등장한 메시는 12살이었다.

버스에서 내린 메시가 카메라를 보고 인사했다. 장면이 바뀌자 메시는 수컷 소의 모양을 한 놀이기구에 올라타 있었고, 그 기계로 된 소가 몸을 흔들자 메시는 인형처럼 매트리스 위로 떨어졌다. 그것은 코르도바 주의 카를로스파스로 떠났던 졸업여행 영상이었다. 그 여행이 고향 친구들과 나눈 마지막 추억이었다. 몇 개월 뒤, 메시는 바르셀로나로 떠났고 바제호스는 타이어 공장에서 일하기 시작했다.

그 뒤, 바제호스는 아버지가 되었고 어느 사이엔가 메시의 친척이 되었다. 메시의 형 마티아스와 사귀던 바제호스의 여동생 로사나에게 아들이 생겼기 때문이다. 메시의 블랙베리에 저장된 사진 중에 함께 찍힌 그 아이였다. 메시는 대부(Godfather)로서 그 아이의 세례식에 참석했다. 메시와 바제호스 사이에 조카가 생긴 것이다.

"메시는 늘 얌전해 보였지만, 아무 일도 저지르지 않은 건 아니에요."

메시는 그날 할머니 묘에 가기 위해 말도 없이 집을 빠져나왔다. 바제호스는 집에 갈 때까지 그 사실을 몰랐다. 그리고 신티아 아레쟈노처럼 그도 메시에게 성장호르몬 주사가 필요하다는 사실을 몰랐다. 친구들에게 메시는 비밀을 털어놓지 않는 수수께끼의 존재였다.

바제호스는 스페인의 메시에게 받은 편지 한 통을 보관하고 있다. 그것은 FC바르셀로나에 들어간 뒤, 라마시아의 엄격한 규율을 따르며 지내던 때에 쓴 것이다. 메시는 떨리는 글씨로 이렇게 썼다.

'친구에게'

편지는 모눈종이에 쓴 것이었다.

'축구에서는 모든 일이 점점 잘 풀리고 있어.'

철자가 잘못된 부분이 있지만, 본인은 상관하지 않는 것 같다.

'학교에서는 잘 풀리기는커녕 점점 나빠지고 있어. 하지만 그건 대단한 일이 아니야.'

학교 일은 아무래도 좋은 것 같다.

'길에서 놀던 때가 그리워. 여기선 친구가 없어서 늘 혼자서 영화관에 가. 네 얘기도 들려줘. 사귀는 사람 있어? 나는 들개처럼 혼자야. 스페인 여자는 말도 못하게 못생겼어.'

심심하고 외로운 모양이다.

'이 이상 무엇을 쓰면 좋은지 몰라서 이 정도로 할게. 잘 지내, 친구야.'

편지 쓰기도 피곤해한다.

'P.S.1 이런 글씨와 종이라서 미안해.'

'P.S.2 삼촌이 된다는 건 최고구나.'

이때 마티아스 메시와 바제호스의 여동생 사이에 애가 태어났다. 라스 에라스는 메시에게 은신처 같은 곳이었다. 바르셀로나의 스타가 되어도, 떨리는 글자에서 문자 메시지로 바꿔도, 언론의 관심을 받는 존재가 되고 나서도 그건 바뀌지 않았다.

'기자들은 이제 질색이에요.'

2005년 메시는 당시의 에이전트 파비앙 솔디니에게 그렇게 써서 보냈다.

'저는 친절한 편이고 늘 최선을 다하고 있어요. 근데 그 기자들은 너무 해요. 고향으로 돌아가면 이런 일이 없을 테니 안심이 됩니다.'

현재의 리오넬 메시는 팬에게 쫓기지 않고 고향 로사리오를 걸어다닐 수 없게 되었다. 적어도 한 사람 정도는 아르헨티나 대표팀에서 골을 넣으라고 그에게 말한다.

메시가 마지막으로 고향 친구들과 만난 것은 여동생의 15세 생일 때였다. 메시는 성대한 파티를 기획했다.

"그날 메시가 춤춘 건 우리가 계속 떠밀었기 때문이에요."

신티아 아레쟈노는 회상했다.

"옛날부터 걔는 생일파티 같은 곳에 잘 오지 않았어요. 그래도 제 생일 때는 잠깐이나마 얼굴을 내밀어주었죠."

그녀는 마치 상을 받은 듯한 웃음을 지었다. 디에고 바제호스도 메시 여동생의 생일파티에 갔지만, 그는 메시를 먼 존재처럼 느낀 것 같다.

"메시를 만날 수 있어서 아주 좋았습니다. 근데 전 그런 호화로운 분위기에 익숙하지 않아서……."

바제호스 역시 메시의 조부모를 만나보라고 나에게 권했다. 라스에라스에 오고 나서 벌써 3명째다. 크리스마스가 며칠 남지 않았다.

"메시는 전혀 얼굴을 보여주지 않아."

에우세비오 메시는 세상의 할아버지들이 흔히 하는 푸념을 늘어놓았다.

그 뒤에서는 일요일 오후의 코미디 영화가 아직 하고 있었다. 로사는 머리를 흔들었다. 에우세비오는 일단 시선을 내렸다가 갑자기 눈을 뜨고 펜치 같은 손을 치켜들었다.

"내 손자인데 나 참!"

PART3 명성을 떨치다

주먹으로 테이블을 쳤다.

할머니도 구시렁거렸다.

"원래 그런 법이지. 애들은 반쯤 미쳤으니까. 이제는 돈까지 있으니 더 고약하지."

그 낮은 목소리는 비난을 하면서도 이해한다는 마음을 동시에 드러내고 있었다.

"비록 여기에 안 와줘도 난 할머니로서 걜 사랑해. 아주 괴롭긴 하지만."

영광에 빛나는 메시의 사진은 지금도 조부모 집 벽에 장식되어 있다. 아르헨티나 대표팀 유니폼을 입은 메시는 U-20 월드컵에서 우승했을 때부터 아르헨티나 국민과 조부모, 라스에라스에 장래를 약속한 존재가 되었다. 우승을 이룬 손자. 명성과 부를 거머쥔 이웃. 다들 그가 변화를 가져다주리라 기대했다.

그러나 라스에라스에 그런 순간은 찾아오지 않았다. 펠레의 고향 트레스 코라소에스, 마라도나의 비야 피오리토도 바뀌지 않았다. 결국, 그건 고국의 배우가 아카데미상을 받거나 사촌 중 누군가가 복권에 당첨된 것과 같았다. 스타는 환상을 만들어낸다. 라스에라스에 남은 주민들은 지금도 메시를 찾아온 사람들을 조부모 집으로 안내하고 있다.

명성의 대가

취리히의 하얏트 호텔 로비에 있는 리오넬 메시는 나비넥타이 농담을 더 받아주지 않았다. 주변은 완전히 밤이 되었다. 그는 이제부터 리무진을 타고 가서 발롱도르 투표 결과를 본 다음, 바르셀로나로 돌아가야 한다. 몇 시간 뒤 그는 "오늘 제가 상을 받을 줄은 몰랐어요" 하고 말하게 된다. 리마트 강 옆에 세워진 국회의사당에서는 2010년 발롱도르가 그의 도착을 기다리고 있었다.

골과 플레이는 강한 피지컬과 스피드가 만들어낸, 단순한 자연현상일 뿐이다. 메시는 자신의 공적을 그런 식으로 받아들이고 있는 것 같았다. 어머니 셀리아 쿠치티니는 가슴에 은색 장식이 들어간 검은 드레스를 입고 있었다. 호텔 밖에서 얘기하는 사람들의 입에서는 하얗게 김이 나왔다. 로비에도 스위스 산의 차가운 공기가 흘러들어왔지만, 셀리아의 목소리에는 코트 입기를 재촉하는 어머니의 따뜻함이 느껴졌다.

"올해는 눈이 안 오네."

아들이 중요한 상을 받으려는 때에 날씨를 마음 쓰는 어머니는 흔치 않다. 메시 일가가 이 시상식을 위해 스위스에 온 것은 이번이 네 번째였다. 오늘 메시는 최악의 경우라도 세계에서 두 번째나 세 번째 선수가 된다. 하얏트 호텔 입구 앞에는 조용하고 교양 있는 사람들이 모여 있었다. 운전기사, 경찰, 기자, 선수 가족. 모두 화려한 로비와 의상에 맞춘 것처럼 겉으로 예의 바른 말을 주고받고 있다. 메시는 손을 어디에 둘지 잠시 망설이다가 주머니 속에 넣었다.

"취리히의 집은 벌써 사셨나요?"

방송국 기자가 농담을 던졌다.

그것은 아내와 함께 걷고 있는 메시의 아버지에게 건넨 말이었다.

"아뇨, 안 샀어요."

호르헤 메시는 데면데면 대답했다.

"좀 보고 다니긴 했지만요."

동조하는 웃음소리가 들렸다.

메시의 부모도 아들과 마찬가지로 이 특별한 이벤트를 지극히 평범한 일상처럼 대하고 있는 것 같다. 그들에게 발롱도르 시상식 분위기는 과거의 연장에 지나지 않는다. 초등학생 메시가 맨 앞에 서고 아들의 트로피를 어머니가 학교에서 자랑하던 그때처럼.

카리스마 넘치는 천재성으로 플레이하는 것과 강한 체구를 살려서 효율적으로 골을 넣는 것에는 큰 차이가 있다. 2011년 레알마드리드에서 뛰었던 포르투갈 선수 크리스티아누 호날두는 40골을 넣어서 스페인리그 시즌 최다득점기록을 갈아치웠다. 그는 이미 발롱도르를 받은 적이 있다.

한편 메시는 같은 아르헨티나인 알프레도 디 스테파노가 세운 바르사의 연승기록을 깨는 데 공헌했고, 챔피언스리그에서는 바르사 역사상 최다 골로 득점왕에 올랐다. 2011년에는 타임지가 선정한 '세상에서 가장 영향력 있는 100인'에 미국 대통령 버락 오바마 바로 아래 이름을 올렸다.

효율적인 득점력도 좋지만, 천재적인 볼 컨트롤은 그 이상으로 우리를 매료시킨다. 골로 이어지는 일련의 플레이 안에서 메시는 균형을 깨뜨리는 역할을 맡고 있다. 2011년 어느 날 밤, 챔피언스리그 아스널전에서 메시는 두둥실 공을 띄워서 골키퍼 키를 넘겼다. 그 플레이를 보던 가디안지의 애널리스트, 리처드 윌리엄스는 메시에 대해 '천진난만한 얼굴로 데미지를 주는 청년'이라고 평했다. 놀고 있는 아이들이 보여주는 격렬함에 승리를 갈구하는 욕망이 더해지면 그 데미지는 어마어마해진다.

"그를 지키는 일은 웬만한 경호원 일보다 어렵다."

경호원은 말했다.

"엘 투르코(터키인)"라는 별명으로 불리는 그는 로사리오의 클럽에서 문지기로 일하고 있다.

롤링스톤스의 팬이라면 록스타로부터 자기들을 떼어놓으려고 하는 엘 투르코 같은 경호원의 존재에 익숙할 것이다.

"하지만 메시는 아이들의 우상이다. 아이들을 밀어낼 수는 없다."

엘 투르코는 쇼핑센터 안을 걷는 메시를 경호한 적이 있다. 메시에게 접근하는 사람이 아이들만이 아니라는 것을 아는 아버지 호르헤가 그를 고용했던 것이다.

남아공 월드컵 남미예선에서 아르헨티나가 브라질에 졌을 때도 엘 투르코는 메시의 안전을 책임졌다. 대표팀이 패배한 그날 밤, 분노한 팬 한 명이 메시의 고향 집 앞에 폭죽을 터뜨렸고 그 폭발음을 들은 라스에라스의 사람들은 공포에 떨었다. 바르셀로나에서는 반바지 차림의 메시가 ATM에서 혼자 현금을 찾는 모습이 목격되기도 하지만, 로사리오에 돌아오면 메시는 늘 위험에 빠진다. 아르헨티나 대표팀에서 골을 못 넣었다는 이유로 서포터들이 폭력을 휘두를 수도 있고, 메시를 적으로 생각하는 라이벌 팀의 팬에게 습격당할 위험도 있다. 뉴웰스 유소년팀에서 성장한 메시는 로사리오 센트럴의 서포터가 뉴웰스에 매우 적대적이라는 것을 알고 있다.

2011년 어느 날 오후, 레스토랑에서 나온 메시 앞에 갑자기 어떤 사람이 나타나 따귀를 때리려고 했다. 그 광경은 우연히 촬영되었다. 메시가 상대방에게 폭력으로 맞대응했어도 이상하지 않았을 것이다.

맨체스터유나이티드에서 뛰던 에릭 칸토나는 관중석에서 야유를 퍼부은 서포터를 향해 날라차기를 했다. 바르사에서 뛰던 마라도나도 아틀레틱빌바오 선수의 가슴을 발로 찬 적이 있다. 냉정을 잃은 지단은 다른 곳도 아닌 월드컵 결승전에서 이탈리아 수비수 마테라치에게 박치기를 했다.

한편, 메시는 2011년 코파아메리카에서 볼리비아 수비수와 말다툼했지만, 손을 쓰진 않았다. 분노를 표출하는 데는 실망스러운 수준인 메시가 보여준, 가장 격한 장면이었다. 과거에는 말라가 선수에게 침을 뱉은 일도 있지만, 빗나가서 심판이 알아차리지도 못했다.

다만, 2011년 UEFA 슈퍼컵 결승전에서 우승을 결정짓는 골을 넣은 메시는 왼손을 들어서 당시 레알마드리드 감독 주제 무리뉴를 향해 '하고 싶은 말이 있으면 해 보시죠'라고 간주되는 동작을 했다. 스페인 언론에게는 그것이 메시가 했던 가장 도발적인 행동으로 비쳐졌다. 메시는 이제 골뿐 아니라 자신의 감정도 전할 수 있게 되었다.

로사리오에서 메시의 따귀를 때리려고 했던 소년은 군중 속의 누군가에게 잡혔다. 소년의 어머니는 언론에 17세의 아들이 후회하고 있다고 말했다. 메시는 그 로사리오 센트럴의 서포터를 용서했다.

축구에 예사롭지 않은 정열을 쏟는 메시는 그 이외의 모든 잡념을 쫓아낸다. 어린 시절에는 학교에서 돌아온 뒤에 연습을 되풀이했고 주말에는 경기에 나갔다. 비는 시간에도 형들과 아버지, 숙부와 함께 연습했다. 현재 프로선수로 뛰는 비안쿠치 가의 사촌형제 막시밀리아노와 에마누엘도 함께였다. 친척 모두가 축구를 태양처럼 숭배하고 있던 것이다. 경기장 밖에서 귀에 들어오는 축구 외의 화제는 메시에게 아무래도 좋은 일뿐이었다.

인생에서 어떤 일들을 처음 경험할 때마다 메시는 소년시절의 팀 동료들을 공범으로 끌어들였다. 메시가 기획한 아사도 파티에는 꼭 레안드로 베니테스가 함께한다. 메시가 뉴웰스 유소년팀의 득점왕에 올랐던 시절, 같은 팀에서 뛰던 공격수였다. 설탕이 들어간 마테차를 좋아하는 그는 긴 머리였고 "엘 네그로(흑인)"로 불렸다. 같은 나이에 유스팀에 데뷔했던 두 사람은 첫 섹스 때도 함께였다.

메시는 바르셀로나에서 전화로 모든 계획을 꾸몄다. 실행할 장소로 고른 곳은 로사리오에 사는 에이전트의 맨션이었다. 메시, 루카스, 스카글리아, 베니테스는 당시 15살이었다. 그들은 셋이고 소녀들은 둘. 맨션에는 방이 두 개밖에 없었다.

"우리는 길거리에서 만난 뒤에 맨션으로 향했어요. 메시는 아무렇지 않은 척 잠자코 있었지만, 사실 셋 모두 긴장하고 있었죠."

메시와 스카글리아는 같은 방에 들어갔다. 그때부터 세 사람의 우정은 한층 깊어졌다. 메시는 가끔 바르사에서 골을 넣은 뒤, 가슴에 세 개의 손가락을 대는 일이 있는데 그것은 그 첫 경험을 공유한 세 친구의 우정을 의미한다.

메시는 지금까지 고향 로사리오가 모든 일의 시작점이 되도록 힘써왔다. 정식 교제상대로 고른 여성은 소년 시절부터 호의를 품고 있었던 소녀였고, 운전을 배울 때도 황량한 카탈루냐의 도로가 아니라 고향 로사리오의 우르키사 공원에서 초록색 포드 에스코트를 몰았다. 운전을 가르쳐준 사람은 그의 에이전트였다.

베니테스는 자신과 메시를 유스팀에 데뷔시켜주었던 에이전트와 계약 중이다. 현재 부에노스아이레스의 팀, 챠카리타 주니어스의 수비수로 뛰는 그는 메시가 늘 문자를 보낸다고 말한다. 베니테스의 이름으로 챙겨둔 옷을 부에노스아이레스의 스포츠용품점에서 찾아가라고 바르셀로나에서 문자를 보내는 일도 있다고 한다.

"제가 뭘 갖고 싶다고 말한 적이 없는데 말이죠. 메시는 그런 녀석이에요."

 아르헨티나 대표로 골 부족에 시달리던 메시는 가끔 아르헨티나인의 혼이 부족하다는 비판을 받지만, 그는 아르헨티나인답게 행동하려고 노력하고 있다. 그리고 옛날의 유대에 충실하다. 비록 그것이 그를 위협하는 일이 되더라도.

 2007년 1월 이른 아침, 부상 치료를 위해 아르헨티나로 돌아온 메시는 두 형과 함께 고향 집 근처의 식당에 갔다. 거기서 한 남성이 메시에게 달려들어 그를 모욕하기 시작했다. 뉴웰스에서 뛰었다는 이유로 또 도발한 것이다. 그리고 며칠 뒤, 메시의 기사가 신문 스포츠면이 아니라 사회면에 실렸다. 그 기사에는 바르사 선수 메시가 치고받고 싸워서 의자와 유리창이 파손되고 음식 값도 안 내고 달아나 고소당했다고 쓰여 있었다. 메시는 난생 처음 재판에 휘말렸다. 물론 현장에 동석했던 두 형은 그 뉴스의 조연에 지나지 않았다.

 "메시는 제가 지금까지 만난 사람 중에 가장 침착한 사람입니다."

 경호원은 확신하며 말했다.

 "문제가 일어날 때는 그의 형이 함께일 때뿐이에요."

 엘 투르코는 경호원으로 일할 때 말고도 문지기로 일하는 로사리오의 클럽 '라 미시온 델 마리네로'에서 메시와 마주치는 일이 있다. 어느 날 밤, 엘 투르코는 흥분한 얼굴로 메시에게 손가락을 들이대는 남자를 발견했다.

 "그때는 별일 안 일어났습니다. 그런데 메시 형이 나타나자 싸움이 벌어졌어요."

"메시는 어떻게 하고 있었나요?"

"충격을 받은 듯해서 우리가 데리고 나갔습니다."

작은 형 마티아스 메시는 세 아들 중 유일하게 로사리오에서 계속 살고 있다. 엘 투르코의 말에 따르면 지금까지 몇 번인가 그 사람 탓에 클럽 안에서 난감한 상황이 발생했다고 한다.

"어느 날 밤에는 갑자기 소리치기 시작하더군요. 우리는 자제심을 잃은 마티아스를 진정시키러 가야 했습니다. '나를 가족의 수치라며 스페인에 데려가 주지 않았다'고 말했습니다."

2011년 1월 오늘, 취리히의 하얏트 호텔에 마티아스 메시의 모습은 없었다. 가족 모두가 발롱도르 시상식에 온 것은 아니었다. 부모와 여동생 이외에 메시가 초대한 사람은 숙부, 숙모, 사촌이었다. 올해의 최우수선수가 발표되는 회장에는 리무진을 타고 오는 관례가 있었다.

뉴웰스에서 뛰었다는 이유로 모욕당한 그날 밤, 유리창을 깨고 자리에 있던 커플을 때렸다고 알려진 메시는 사실, 형을 말리러 갔을 뿐이었다. 그러나 그는 언론과 경찰에 침묵으로 일관했다. 동생은 형의 잘못을 스스로 뒤집어쓴 것이다.

형제의 고뇌

    형 마티아스는 리오넬 메시가 아르헨티나에 귀국할 때마다 꼭 마중하러 간다. 메시를 아는 사람들은 모두, 이 형이 메시에게 웃음을 주는 존재라고 알고 있다. 차남 마티아스는 장남 로드리고처럼 요리사나 보안 담당자 역할을 맡은 것도 아니고, 연극에서 메시 같은 존재가 되고 싶은 여동생 마리아 솔처럼 식구들로부터 귀여움을 받고 있는 것도 아니다.

    네덜란드 U-20 월드컵에 나갔을 때, 메시는 마티아스를 위해 일등석 항공권을 에이전트에게 추가로 부탁했다. 독일 월드컵 직전, 부에노스아이레스에 들렀을 때는 형 마티아스하고 시간을 보내기 위해 호텔 더블룸을 예약했다. 한편 마티아스는 동생 메시에게 장남의 세례식에 대부로 참석해달라고 부탁했다. 메시의 휴대전화에는 그 조카의 사진이 지금도 저장되어 있다. 메시는 중요한 경기를 마칠 때마다 스파이크와 셔츠를 형에게 건넨다. 로사리오에 있는 마티아스의 집에는 공, 셔츠, 스파이크, 사진으로 꾸며진 메시의 미니 박물관이 마련되었다. 메시의 모습을 왼팔에 그려 넣은 마티아스는 메시의 팬이기도 하다.

마티아스는 보통 언론에 거의 등장하지 않기 때문에 사람들은 그의 얼굴을 잘 모른다. 오늘 밤, 반바지 차림으로 나타난 그에게서는 오드콜로뉴 향이 감돌고 있었다. 지금 그가 서 있는 곳은 라스에라스의 '우리부루'가와 '5월 1일' 가의 모퉁이, 그의 조부모 집에서 반 블록 정도 앞선 곳이다. 2년 전, 마티아스는 이곳에서 권총 불법소지로 체포당했다. 그가 소지했던 32구경 리볼버의 탄창에는 탄환 5발이 장착되어 있었다. 그가 메시 가족이 아니었다면 이 뉴스가 파문을 부르는 일은 없었을 것이다.

메시는 세계 최고 선수인 만큼, 모범적으로 살아야 할 의무가 생긴다. 그러나 형 마티아스는 근처의 슬럼가를 계속 배회했다. 그는 7건의 형사 재판에 휘말린 상태였다. 그중 2건은 여성에 대한 폭력이 원인이었고, 나머지는 싸움과 교통사고였다. 축구와 뉴웰스를 더없이 사랑하는 가정에서 자란 마티아스는 세 아들 중 가장 먼저 축구선수가 되는 꿈을 포기했다. 그리고 집에서 '엘 레벨데(반항자)'라는 별명으로 불린 그는 라이벌팀 로사리오 센트럴의 서포터가 되었다.

마티아스는 라스에라스의 길거리에서 시간을 보내는 일이 많다. 동생의 재산관리를 맡은 아버지를 돕거나 동생이 산 파라나 강가의 음식점 일을 하며 살고 있다. 메시는 로사리오에 돌아올 때마다 시간을 내서 사이좋은 형 마티아스와 만난다. 메시를 비롯한 이민자들에게 고향에 돌아온다는 것은 과거의 기쁨과 문제를 다시 마주함을 의미한다. 마티아스는 동생 유니폼으로 박물관을 장식하는 일뿐 아니라 메시가 발을 들일 수 없게 된 세상의 파수꾼 역할을 맡고 있는 것이다. 그런 그가 지금 나를 경계하며 바라봤다.

"여기 온 목적이 뭐야?"

그렇게 말한 뒤 마티아스는 팔짱을 끼고 턱을 내밀었다. 그는 모조 다이아몬드가 박힌 은색 귀걸이를 하고 있었다.

"당신이 할아버지 집에 도둑질하러 들어간 줄 알았어."

"저도 그들과 얘기해봤지만, 도둑맞은 적이 있다고 말하진 않았어요."

"눈치를 채지 못했을 뿐이야."

손자는 답했다.

"뻔질나게 들락거리고는 위조지폐 내고 가는 놈이 있거든."

조부모 집의 창문은 여전히 빵을 팔기 위해 열린 채였고 TV를 보면서 음식 접시에 몸을 기울이는 에우세비오의 모습이 보였다. 수프 향이 감도는 집 안은 어둑했다. 만약 성장호르몬 치료비를 부담해줄 구단이 나타나지 않았다면 메시는 이 광경 속에 머물렀을 것이다. 메시가 처음 바르셀로나로 떠날 때, 마티아스도 식구들과 함께 스페인으로 이주했다.

"여동생과 나는 여기로 돌아오기로 했지만, 다른 둘은 저쪽에 남았어. 걔들은 아버지를 닮았거든. 나보단 착실하지."

마티아스는 바르셀로나에 간 지 4개월 만에 돌아왔다. 지금 그는 그것이 실수였다고 생각한다.

"동생을 저쪽에 두고 돌아왔을 때, 나는 개를 버린 것 같은 기분이 들었어."

개가 짖는 소리가 들렸다.

"나는 메시가 저렇게 빨리 출세할 줄은 상상도 못 했어. 메시를 두고 온 일을 가끔 어머니와 후회하기도 해."

마티아스의 목소리가 쉬었다.

"마티아스는 아주 다정한 애예요."

메시의 전 에이전트, 파비앙 솔디니는 마티아스에 관해 이렇게 말했다. "그가 처한 상황도 있어서 메시는 마티아스를 마음 쓰고 있어요."

바르셀로나에서 처음 5년 동안, 솔디니는 메시 일가의 사생활을 목격했다. 솔디니가 말하는 '마티아스의 상황'이란 로사리오에서도 소문이 난 일이었다. 그가 약물중독이라는 사람들도 있었다.

세계의 저명인들은 복잡한 사정의 형제를 품고 있는 일이 많다. 코카인 소지로 유죄가 된 빌 클린턴의 동생은 대통령 특사를 받았다. 멕시코의 전 대통령 카를로스 살리나스 데 고르타리의 형은 동생이 세운 교도소에 살인죄로 복역했다. 엘튼 존의 동생은 허름한 판잣집에서 세상을 등진 채 살고 있다. 그러나 가계도라는 것은 많은 물의를 빚는 일은 있어도 결국 천재인 당사자 이상 주목받는 일은 없다.

리오넬 메시가 마티아스를 버린 일은 단 한 번도 없다.

'빨리 조카를 만나고 싶어서 못 견디겠어요.'

바르셀로나에서 3년째를 맞는 메시가 솔디니에게 보낸 이메일이다.

'재미있을 나이라서 빨리 놀아주고 싶어요.'

조카 토마스 메시는 그때 두 살이었다.

스페인 이주는 메시에게 단순히 프로 경력의 시작과 치료비 확보만을 의미하지 않았다.

"우리는 많은 꿈을 꿨어요."

아버지 호르헤 메시는 전화로 이렇게 말했다.

"메시도 살리고 우리 형편도 펴지게 하고 싶었죠."

메시 가족은 2001년 2월 1일에 바르셀로나로 날아갔다. 부모는 공항에서 솔디니에 다가가 이렇게 말했다고 한다.

"당신에겐 평생 감사해야겠어. 메시 일보다도 마티아스를 이곳에서 빼내 준 것에."

아직 바르셀로나 정착에 확신이 없던 때, 리오넬 메시는 그의 가능성을 보여줘서 가족들을 한껏 고무시켰다. 그러나 마티아스는 로사리오에 남긴 것 이상의 무언가를 바르셀로나에서 찾을 수 없다고 생각했다. 당시 그는 지금의 아내이며 메시의 조카를 낳은 로사나 바제호스와 사귀고 있었다.

메시의 친구이자 사돈지간인 디에고 바제호스는 내가 마티아스에 관해 묻자 딴 데를 봤다.

"난 그 사람과 거의 얘기 안 하고 있고, 가족에게 해가 되는 걸 말하면 안 되니까 잠자코 있을래요."

권총 불법소지로 경찰에 체포되었을 때, 마티아스의 이름은 로사리오의 유력 신문 중 하나인 라카피탈의 1면에 대문짝만하게 실렸다. 다음날, 메시의 아버지 호르헤는 그 기사를 쓴 기자에게 연락해서 식당에서 만났다.

"메시의 아버지는 속상해했어요."

에르난 라스카노는 어느 날, 로사리오에서 그렇게 말했다.

라스카노는 라카피탈 신문의 기자였다. 메시 가족의 사생활에 관한 기사를 신문에 실은 사람은 그가 처음이었다. 라스카노는 메시의 아버지가 크게 화낼 줄 알았다. 그러나 호르헤는 그에게 딱 하나만 부탁한다고 했다. 앞으로 이런 기사를 낼 때는 아들의 문제에 관해 해명할 수 있도록 미리 알려달라는 것이었다. 그는 기사 내용을 부정하는 것이 아니라 라스카노에게 진실을 정확하게 알렸으면 했다.

라스에라스에서 마티아스는 이야기를 이어나갔다.

"난 머리가 이상해졌어."

큰 소리로 말했다.

"사방에서 그 애가 보이니 이상해지는 게 당연해."

마티아스의 왼쪽에서 두 남자가 나타났다. 한 사람은 백발이 섞여 있었고, 다른 한 사람은 양쪽 옆머리를 자른 민머리를 하고 있었다. 스킨헤드족 같았다.

"지금도 아직 적응을 못 했어."

마티아스는 마치 아무도 오지 않았다는 듯이 이야기를 계속했다.

"그래도 메시가 TV에 나오면 난 놓치지 않아. 멈춰 서서 걔를 봐. 1000번이라도 본다구."

"당신은 축구를 했지요? 왜 그만뒀습니까?"

"게을러서."

백발이 섞인 남자와 민머리 남자가 옆에서 마티아스를 보고 있었다.

"메시는 아침 9시 반 경기를 해야 했는데, 제일 먼저 일어났어. 자기가 하는 일을 좋아해."

형제가 알아차리기도 전에 축구장의 메시는 부모, 고향, 로사리오의 주목을 받게 되었다. 왼팔에 메시 모양의 문신이 있는 마티아스는 여기저기서 눈에 띄는 동생의 모습으로부터 도망치고 싶어도 도망칠 수 없었다고 한다. 원래 미신을 잘 믿는 그에게 그건 고통이었다.

어느 겨울 밤, 마티아스는 챔피언스리그 바르셀로나 대 첼시 경기를 관전했다. 그날 런던의 스탬포드 브리지 경기장에서 메시는 부상을 입었다.

"난 그때까지 앉은 적이 없는 자리에 앉았지."

마티아스는 말했다.

"그래서 난 생각했어. 걔가 다친 건 내 탓이라고."

마티아스는 자신을 전염병을 옮기는 신이라고 생각했다. 그는 늘 형 로드리고 오른쪽에 앉는다.

"반드시 오른쪽이야."

그는 강조했다.

하지만 그날 밤에는 로드리고의 왼쪽에 앉았다. 경기 후 메시는 부상 치료를 위해 아버지, 형들과 함께 로사리오로 향했다. 식당에서 벌어진 싸움은 그로부터 몇 개월 뒤에 터진 일이었다. 그 자리에는 마티아스도 있었지만, 고소당한 사람은 리오넬 메시뿐이었다. 2년 뒤, 권총 불법소지로 체포된 마티아스는 자신이 악운을 몰고 다니는 존재라고 경찰에게 말했고, 그 증언은 다음과 같이 재판기록에 실렸다.

'마티아스 메시는 축구에서 동생의 부진, 아버지의 병이 자기 책임이라고 생각한다.'

당시 암이 의심되던 아버지는 병원에서 검사를 받았는데, 차남은 그것도 자기 탓이라고 생각했다.

마티아스는 자기비하를 멈추고, 옆에 있는 두 남자가 근처 주민이라고 나에게 소개했다. 마티아스는 TV와 사진에 모습을 드러내지 않는다.

"노출되고 싶지 않아. 위험하니까."

"왜 위험하죠?"

"유괴될지도 모르잖아."

당연하다는 말투였다.

"여기선 무슨 일이 일어나도 이상하지 않아."

이 대화가 끝나고 몇 개월 뒤, 라스에라스의 한 모퉁이에서 누군가 마티아스 집을 향해 여섯 발의 총탄을 쐈다. 그는 언론에 짐작 가는 동기가 없다고 말했다. 때마침 동생 메시가 레알마드리드와 중요한 엘클라시코 경기를 앞두고 있었기 때문에 마티아스는 메시의 집중력을 흩뜨려놓기 위한 범행일지 모른다는 의혹을 제기했다.

마티아스는 메시의 많지 않은 불운을 자기 탓이라고 생각했다. 앞으로도 그는 계속 자책하며 살 것이다.

판타지 스토리

　메시가 마지막으로 정장을 입고 공식 석상에 나타난 것은 2010년, 독일의 슈투트가르트에 팀과 함께 갔을 때였다. 그는 끈이 풀린 가죽 구두를 신은 채 비행기에서 내렸다. 항상 화젯거리를 찾는 사진기자들에게 그것은 무성영화처럼 단조로운 메시의 사생활에 흐르는, 명랑한 멜로디였다.

　그러나 2011년 오늘 얼어붙을 듯이 추운 취리히의 보도에서 TV 카메라와 조명에 둘러싸인 메시는 구두끈과 나비넥타이를 제대로 매고, 발롱도르 시상식이 열리는 국회의사당 입구에 서 있었다.

　2년 전, 이 시상식 레드카펫의 길이는 10m였다. 오늘은 올림픽 수영장과 같은 길이인 50m짜리 카펫이 깔렸다. 요한 크루이프가 이 상을 받았을 당시, 언론의 반향이라고 한다면, 주최 측이었던 프랑스 풋볼 잡지의 표지를 장식하는 것 정도였다. 그러나 이 상이 FIFA와 통합되면서 주목도가 높아지고 카펫도 길어졌다. 시상식에 초대된 선수들은 느긋한 발걸음으로 이 레드카펫 위를 걸어간다. 각 TV 방송국들은 새로운 축구 영웅들의 화려한 모습을 시청자들에게 전달하기 위해 귀중한 방송시간을 쓴다. 지금 이 자리에서는 메시가 단지 구두끈을 묶는 걸 깜빡하기만 해도 과도한 선전 행위로 해석될 우려가 있다.

메시는 오늘날 하나의 현상이다. 페티시즘까지도 만들어내는 그는 이제 그 재능을 증명하기 위해 누군가와 경쟁할 필요가 없다. 레드카펫은 최우수선수 후보인 메시, 차비, 이니에스타를 발롱도르 무대로 인도했다. 그들의 작은 체구는 평균보다 작았다. 만일 권투였다면 웰터급에 해당하는 체중일 것이다. 세계 최고의 축구 클럽에서는 몸집 따위 상관없다. 현대 축구에서 가장 뛰어난 이 트라이앵글은 서로 텔레파시를 하는 듯한 호흡을 보여주고 있다. 이 세 선수가 만일 올림픽에 나간다면 싱크로나이즈드 스위밍팀을 결성해도 될 것이다. 메시의 플레이가 대표팀에서는 성과를 내지 못한 적도 있지만, 차비, 이니에스타와 함께 바르사에서 뛸 때는 훌륭한 모습을 보였다.

페루 작가 페르난도 이와사키의 말에 따르면 축구 역사상 가장 아름다운 마라도나의 골은 호르헤 발다노에게 패스를 줄 수 없어서 나왔다고 한다. 이 말은 팀플레이에 대한 최고의 역설적인 비유였다. 마라도나는 멕시코 월드컵에서 잉글랜드 대표팀을 상대로 뽑아낸 그 두 번째 골을 지적 재산권으로 등록하지 않았기 때문에 그 장면이 TV에 반복해서 방송되어도 그에게는 한 푼도 가지 않는다.

한편 '달리면서 생각한다'는 개념을 책 한 권에 정리했던 발다노는 국제 대회의 경험을 살려서 기업의 어드바이저로서 일하고 있다. 마라도나가 잘하는 일은 축구와 명언을 남기는 것뿐이었지만, 발다노는 축구 이외의 다른 일도 잘해냈다.

메시는 자신의 장래에 관해서, 고향, 즉 아버지가 있는 로사리오로 돌아가겠다는 말만 하고 있다. 마라도나처럼 메시의 재능은 축구에서만 발휘된다. 그러나 적어도 가족들의 도움을 받으며 바르사에서 팀플레이를 하는 동안에는 발다노처럼 장래를 약속받을 수 있다.

오늘 밤, 취리히 국제의사당의 조명을 받은 메시는 팀플레이가 아니라 개인 플레이에 열중했다. 그는 턱에 닿을 정도로 혀를 내밀었다. 턱시도 차림에 어울리지 않는 모습이었다. 메시는 다시 주위의 예상을 뒤엎고 발롱도르를 받았다.

펠레는 12년간 축구의 왕으로 군림했다. 크루이프는 담배 연기와 함께 5년간 정점에 군림했다. 마라도나는 10년 동안 세계를 지배했고 호나우두도 중간에 부상이 있었지만 10년간 빛났다. 한편, 호나우지뉴의 웃음은 고작 네 시즌밖에 이어지지 않았고, 우아한 제왕 지단은 뒤늦게 재능을 꽃피웠다.

메시는 국회의사당의 좌석에서 천천히 일어났고 TV 카메라가 그를 클로즈업했다. 공백의 해를 만들지 않기 위해, 적합한 후보가 없는데 어쩔 수 없이 준 발롱도르도 있었다. 그때는 축구에 정통한 사람들을 당황시켰다. 잉글랜드의 마이클 오언, 체코의 바벨 네드베드, 이탈리아의 파비오 칸나바로가 그 예다. 그들은 한때 대단한 활약을 보여주었지만, 기복이 심했고 천재와는 거리가 멀었다.

PART3 명성을 떨치다

유성처럼 덧없는 선수들이 펠레, 크루이프, 마라도나, 지단, 메시 같은 스케일이 큰 대선수들의 존재를 돋보이게 한다. 메시는 지금 무대로 나가 발롱도르를 받았다는 사실에 감사하려고 한다. 그는 마이크를 입에 가까이 대는 대신에 자기 몸을 연설대에 가까이했다. 그 행동에 관해 그는 다리가 떨려서라고 나중에 설명했다.

몇 개월 뒤, 턱을 치켜들고 찌푸린 표정의 메시는 아르헨티나 대표팀 소속으로 코파아메리카에 나갔으나 8강에서 패배하고 눈물짓게 된다. 이 시상식 몇 개월 전에는 캄노우에서 TV 카메라와 마이크 앞에 섰다. 그날 캄노우는 챔피언스리그 우승을 축하하기 위해 모여든 바르사 팬들로 가득 메워졌다. 메시의 말을 애타게 기다리고 있던 10만 명의 관중 앞에서 그는 이렇게 말했다.

"정말…… 할 말이 없네요."

그러나 2011년 오늘, 메시는 힘이 되어준 팀 동료들에게 감사의 말을 전하고 가족, 팬들 그리고 모든 아르헨티나 국민과 이 상을 나누고 싶다고 말했다. 취리히에서 발롱도르에 입을 맞춘 메시의 구두끈은 잘 묶여 있었다. 고급 가죽으로 만들어진 이 이탈리아제 구두는 장갑처럼 매끈매끈한 질감이었다. 메시는 여전히 앙가발이 걸음으로 걷고 있다. 그 모습은 파란 샌들을 신은 연습 후의 졸린 메시를 연상시킨다.

형제, 친구, 이웃들은 늘 메시와 비교되면서 살아왔다. 인간은 성장을 측정하기 위한 기준을 찾는다. 서민 분위기를 풍기며 건강상의 문제를 안고 있던 메시는 사람들에게 희망을 주는 존재였다. 성장호르몬 치료를 도와주었던 내분비전문의에게 메시가 TV를 통해 감사의 마음을 전하자 그

진료소에는 키를 키우고 싶다는 문의 전화가 빗발쳤다. 의사 디에고 슈왈츠스타인은 자신이 치료할 수 있는 것은 성장호르몬 결핍뿐이며 그 이외의 케이스는 유전에 의한 것이라고 설명해야 했다.

"모든 사람의 키를 키울 수 있다면 저도 지금쯤 NBA에서 뛰고 있을 겁니다."

로사리오의 진료소를 찾아간 나에게 슈왈츠스타인은 말했다. 그의 키는 170cm였다. 자신의 가장 유명한 환자보다 1cm 더 크다.

"만약 호르몬을 주사하지 않았다면 메시는 어떻게 되었을까요?"

"키 150cm의 어른이 되었겠지요."

현재 메시의 키는 그보다 19cm 크다. 슈왈츠스타인은 뭔가 생각난 듯이 웃음 지었다.

"이 치료로 가장 감동을 받을 때는 치료를 받은 아이들이 급속하게 성장해서 주위 아이들보다 커졌을 때입니다. 그것이 그들을 아주 행복하게 합니다. 바로 메시에게 일어난 일이기도 하죠."

메시가 앓은 성장호르몬 결핍증은 2만 명 중 한 사람에게 발병하는 확률이다. 골연령 지연 치료에서는 인공 호르몬 주사를 맞은 환자가 놀라울 정도의 속도로 성장한다. 그런 급격한 성장은 신체뿐 아니라 정신에도 크게 영향을 끼친다고 슈왈츠스타인은 말한다. 아직 만화영화의 세계를 믿는 나이의 아이에게 갑자기, 더구나 인위적으로 키를 키운다는 것은 판타지가 실현됨을 의미한다. 메시는 그 판타지 스토리의 주인공이다.

2011년 말에 두 번째 클럽월드컵 우승을 이룬 메시는 3주 뒤, 보랏빛

벨벳으로 꾸민 돌체앤가바나의 턱시도를 걸치고 3년 연속 발롱도르를 받았다. 그때까지 이 상을 세 번 거머쥔 선수는 요한 크루이프, 미셸 플라티니, 마르코 판바스텐뿐이었다(역주-2015년에 호날두가 이 상을 세 번째 받았다). 메시는 그 신성한 명부에 최연소로 이름을 올렸다. 이것은 남미 출신 선수로는 최초의 쾌거였다. 2012년 3월에는 FC바르셀로나의 역대득점기록도 갈아치우며 그는 같은 나이의 어떤 축구선수보다도 높은 위치에 올랐다.

이렇게 많은 위업을 계속 달성하는 이 젊은 천재를 보고 있으면 축구에서 떠난 뒤의 그의 장래가 꽤 마음에 걸린다. 2011년 클럽월드컵 결승전이 열린 요코하마 경기장에서 대회 MVP로 선정된 메시는 일본의 TV 리포터로부터 은퇴 이후에 관해 질문받자 이렇게 답했다.

"모르겠습니다. 그때까지는 아직 많은 시간이 있으니까요."

축구라는 쇼에서 메시가 은퇴하는 모습을 상상하면 우리는 큰 불안을 느낀다. 설령 그가 은퇴하더라도 골네트를 출렁이는 그의 모습은 팬들의 기억 속에 영원히 남을 것이다.

MESSI INTERVIEW

"어떤 경기에서도 중압감을 내 편으로 하려고 합니다. 중압감이 있으니까 전력을 다할 수 있죠. 중압감은 대환영이에요(웃음). 어쨌든 축구가 즐거워요. 그런 면에서 볼 때 중압감 같은 건 없어요."

Part 4

메시를 둘러싼 사건

혐의

 리오넬 메시가 축구계에서 은퇴할 즈음 아마도 우리는 그의 천재적인 골, 그 이상을 기억하게 될 것이다. 예를 들면, 소박한 카리스마와 그 천진난만한 얼굴이다. 메시가 법원에 출두해야만 했던 그 날 레알마드리드의 한 팬이 말했다.
 "실수는 누구나 한다. 그래도 메시는 착한 청년처럼 보인다."
 그 착한 청년이 흰색 아우디에서 내려 엄지손가락을 들어 올렸다. 사춘기 딸들을 데려온 아주머니들, 반바지를 입은 남자들, 그를 찍으려고 휴대전화를 치켜든 소년들이 그곳에서 기다리고 있었다. 메시는 형과 함께였다. 두 변호사가 따라왔다. 바르셀로나의 경제범죄 검찰은 초상권에 대한 세금 4백1십만 유로를 탈세한 혐의로 그를 기소했고 메시는 가바의 제3법정에 출두해야만 했다. 하지만 이 출두는 마치 실수로 잘못 꾸민 무대에서 시상식을 거행하는 축제처럼 보였다. 형법을 판정하는 잿빛의 공공 사무실에 그런 미소를 띠고 오는 사람은 아무도 없다. 메시만 제외하고.

　백여 명 이상의 팬들이 법원 입구에서 그를 기다리고 있었다. 메시가 아직 유망주였을 시절에 메시의 아버지는 카스텔델펠스, 즉 가바 행정구역을 주거지로 정했다. 바르셀로나 시내에서 30분 거리로, 지중해 전경을 내려다보는 높은 언덕의 집을 메시가 샀다. 그를 쫓아다니는 사람들에게서 멀리 떨어진 이곳에 온 지 10년이 지나 메시는 탈세 혐의로 기소를 당했다. 그는 운동화, 항공사, 음료, 비디오게임, 은행, 유아 디저트의 광고 모델로서 수입 장부를 제출해야만 했다. 메시가 매년 광고에서 거두는 약 4천만 유로의 절반 이상에 해당했다. 2007년부터 2009년 사이에 신고하지 않은 수입 명세를 요구받았다. 하지만 검찰이 탈세 시민을 보는 곳에서 그의 팬들은 축구의 우상을 보았다.

　"나도 소득 신고를 할 줄 모르는데 메시야 오죽하겠어요."

　그날 아침 그를 보기 위해 직장도 결근한 한 팬이 옹호했다.

　"그는 오로지 축구만 할 줄 알죠."

　열정의 영역에서는 법이 통하지 않는다. 대단한 스트라이커와 경기장 밖의 일은 모르는 일반인들에게는 가족과 함께 휴가 중인 메시의 이미지, 광고 주인공일 때의 이미지가 넘쳐난다. 법원 앞에서 기다리는 팬들에게 메시는 그 무수한 테크노 소음의 한가운데서 그들을 행복하게 해주는 무성영화의 천재 골잡이일 뿐이다. 반면에 스포츠 평론가들은 그 당시 저물어가는 천재에 관해 갑론을박을 펼치고 있었다.

　메시 최고의 시절은 아니었다. 또한, 최악도 아니었다. 2013년 어느 봄

날, 리오넬 메시는 소셜 네트워크에 떠돌던 사진과 함께 아들을 소개했다. 티아고 메시가 엄마인 안토넬라 로쿠조의 품에서 웃고 있는 사진이었다. 그 당시, 4년 연속으로 세계 최고의 축구 선수에 선정되었음에도, 바르사에서는 연속 출장을 못하고 있었다. 2013년 초반의 5개월 동안, 메시는 오른쪽 다리 부상으로 한 게임을 온전히 다 뛸 수 없었다. 그리고 그 해가 끝나기 2개월 전 이번에는 왼쪽 다리에 또 다른 부상을 입어 거의 2개월을 운동장 밖에만 있었다. 지친 스타의 모습이었다.

"드리블이 줄고 생각은 많고, 거의 뛰지를 못한다."

산티아고 세구롤라 기자가 지적했다.

"메시는 경기를 거의 지배하지 못한다. 단지 천재적인 순간들만 있을 뿐이다."

이를 지적한 사람이 세구롤라 기자만은 아니었다.

"메시는 그다지 반짝이지도, 날카롭지도 않다."

아르헨티니아의 전 국가대표 감독, 세사르 루이스 메노티가 말했다.

"아마 경기에서 뛰는 것보다 쉬는 시간이 더 많을 것이다."

천재들에게는 남들과 다른 존재감이 있다. 후안 비요로가 상기했다.

"마라도나는 황금 플레이를 비축해두었다가 중요한 날 발휘한다. 지단은 월드컵 결승전이나 챔피언스리그 같은 경기에서 골을 넣어 슈퍼스타다운 모습을 보여줬다."

이런 특별한 모습은 발군의 실력을 지닌 사람들의 특징이다. 하지만 천재들의 이런 예외적인 면 때문에 팬들은 행복한 순간들을 더 오래 기억하며, 심지어 역경의 상황에서도 비난에 맞서며 무조건적인 충성심에 사로잡히게 된다.

마라도나가 부에노스아이레스에서 코카인 소지 혐의로 체포되었을 때, 두 형사가 그를 경찰차로 끌고 가는 동안 수십 명의 추종자들이 마치 경기장에 있는 것처럼 그의 이름을 연호하며 응원해주었다. 파리에서 지단은 독일 월드컵에서 이탈리아 선수 마테라치의 가슴을 머리로 박은 순간을 되살린 5m 높이의 청동상으로 불멸의 존재가 되었다. 일찍 기량을 증명해야 하는 치열한 경쟁의 스포츠에서, 메시는 어른으로서 아버지에게 독립해야만 하는 자신의 문제와 함께 본인이 아버지가 되는 기쁨을 선사 받았다. 부상을 입고, 탈세 혐의로 검찰 소환을 받은 것 이외에도, 스페인 경찰에 불려가 콜롬비아, 페루, 멕시코, 마이애미, 시카고에서 펼쳤던 자선 경기의 돈세탁에 대한 심문도 받아야 했다. 경찰은 이후 그의 형 마티아스의 집을 가택수색까지 했다. 2년 전 총격을 당했던 로사리오의 바로 그 집이었다. 리오넬 메시가 신경 쓸 일이 하나 더 늘어난 셈이다. 전에는 단 한 번도 다친 적이 없었던 내성적인 이 젊은이는 어른들의 문제를 해결할 공식을 알아내야만 했다.

"메시는 과르디올라가 클럽을 떠날 때 했던 것과 똑같은 걱정을 해야만 했다." 일간지 「엘파이스」의 라몬 베사 기자가 말했다.

"젊은 채로 어떻게 나이 들어갈 것인가?"

은퇴는 멀었고, 유일한 축구의 빚, 즉 월드컵 우승을 꿈꾸는 리오넬 메시의 운명은 팬들을 실망시키고 싶지 않은, 특히나 자기 자신을 실망시키고 싶지 않은 야심 찬 천재들의 운명과 같았다. 바로 난관을 극복하고 다시 새롭게 재기하는 것이다.

메시의
위기

 탈세 혐의로 법정에서 진술하기 한 달 전, 메시는 또 다른 심사위원단 앞에 섰다. UEFA가 매년 여름 수여하는 챔피언스리그의 최우수선수상 후보로 모나코 공국에 도착했다. 식이 거행될 그리말디 포럼에 들어설 때, 한 TV 기자가 시즌을 재개하기 전 몸 상태가 어떤지 물었다.
 "방금 부상에서 돌아왔으니 좀 더 조심해야만 합니다."
 예전에는 경기에 질 때마다 울거나 감독이 벤치에 있으라는 지시를 내리면 성질을 부렸던 그가 이날 오후 모나코에서는 말하는 데 신중했다. 이런 적이 처음은 아니었다. 예전에, 일이 잘 풀리지 않을 때면, 메시는 소파에 드러누워 평소보다 더 말이 없었다. 지금은 집에 돌아가 아들을 보노라면 다른 모든 문제를 잊게 된다고 메시가 말했다.
 "내 정신력이 바뀌었어요. 첫째가 아들이고 나머지는 그다음이죠."
 매일 오후 낮잠을 잤던 메시는 이제 소파에 앉을 시간이 없었다.

메시의 일상이 바뀌었다. 또한, 대중의 눈앞에 비치는 그도 바뀌었다. 2013년, 휴대전화 메신저 프로그램 광고에서 그는 우는 아들을 달래는 아버지 역할을 했다. 그가 직접 공으로 묘기를 부리는 동영상을 보내자 이것을 본 아이가 울음을 멈췄다. 메시가 가족과 함께 이사한 새집은 EU 영사관과 크리스티나 공주의 관저가 있던 곳과 매우 가까운, 바르셀로나 고지대에 있는 이층집이다. 훈련장에서도 몇 분 안 걸리는 거리이고, 소아과와도 가까워 선택한 곳이다. 일을 마치면 일찍 귀가할 수 있었다. 2013년, 챔피언스리그 최우수선수상은 바이에른 뮌헨의 프랑스 출신 미드필드, 프랭크 리베리가 가져갔다. 메시는 미리 결과를 알고 있던 젊은 이처럼 행동했다. 습관도 바꾸고 아들에게 더 헌신했다. 부상과 패배로 생긴 절망도 좀 더 차분하게 마주했다.

메시는 항상 대변자가 필요했다. 어린 시절에는 이웃에 사는 여자아이가 초등학교 수업시간에 그를 대신하여 말했었고, 바르사의 유소년팀에서는 친구가 그의 목소리를 대신했고, 아버지는 그가 아이였을 때부터 늘 경기장 밖에서 그를 이끌었다. 과르디올라는 드리블 이상의 축구를 보게 했다. 2009년 어느 날, 레알마드리드와의 엘클라시코 경기 바로 전에 과르디올라가 FC바르셀로나의 훈련장으로 메시를 불러 이번 경기에서 그의 포지션을 바꾸겠다고 말했다. 그때부터 그는 가짜 9번으로서 공격의 축이 되어 더 자유롭게 오른쪽 진영에서 플레이했다. 바르사는 이 엘클라시코에서 메시의 두 골과 함께 베르나베우 경기장에서의 역사적인 결과, 즉 6대2로 승리했다. 과르디올라의 지휘 하에 있었던 네 시즌 동안 바르사는 14개의 타이틀을 획득했고, 메시는 이에 기여하는 스트라이커로 변신했다. 메시는 과르디올라, 그리고 경기장에서 그의 조언자이자 후에 과르디올라의 후계자가 된 빌라노바에 의해 제 역할을 맡은 셈이었다. 두 사람이 팀을 이끌 때, 메시는 200경기 이상을 뛰었지만 부상은 단 두 번뿐이었다.

"메시는 다른 어떤 선수보다 부상을 더 잘 입는 체질이에요."

그의 전 피지컬트레이너인 후안호 브라우가 어느 날 오후 설명해주었다.

"메시의 근육은 짧고, 속근 섬유로 되어 있죠. 때문에 우리는 항상 그의 유연성을 위해 애써야 했습니다."

감독들은 근육 부상이 단지 훌륭한 트레이닝, 휴식, 영양만이 아니고 선수 기분에 따른 문제이기도 하다는 사실을 알고 있다.

"젊은 선수들은 관심이나 애정을 얻으려고 부상을 입습니다."

인류학자 레이 버드휘스텔이 가이 탈레스와의 인터뷰에서 말했다.

"많은 선수가 다칠지도 모른다고 두려워할 때 부상을 입기도 하지요."

50년대에 버드휘스텔은 근육 파열과 애정 단절과의 상관관계를 연구했다. 후안호 브라우는 이 교훈을 잘 기억하고 있었다. 과르디올라가 이끄는 바르사에서는 선수 라커룸에 있는 사탕 자동판매기를 치우고, 매일 아침 구단에서 아침을 먹도록 선수들에게 지시했다. 메시는 초리판(역주 아르헨티나식 핫도그)을 먹는 걸 줄이고 생선을 더 많이 먹기 시작했다. 브라우에 따르면 근육 스트레칭을 하는 것 이외의 또 다른 임무는 선수의 기분을 계속 좋게 유지하는 것이었다고 한다. 때문에 선수가 경기를 계속 뛰고자 할 때 경기장에서 그를 뺀 적은 한 번도 없었다. 5년 동안 후안호 브라우는 메시를 그림자처럼 따랐다. 메시에 대한 그의 개인적인 관심은 더 큰 계획의 일부였다.

  메시는 그를 보살피는 계획을 알아채지 못한 듯 했다. 2013년 여름휴가 동안, 메시는 세네갈에서 말라리아 퇴치 행사에 참여해 모기장을 제공했고, 메데인에서는 자선 경기에 뛰었다. 이후 리마, 로스앤젤레스, 시카고까지 총 네 경기가 이어졌다. 경기마다 세계적인 축구 스타들과 이야기를 나누며 자신의 재단에 대한 계획을 세웠다. 그 전에는 브라질 월드컵 예선전 두 경기를 치렀다. 부에노스아이레스의 콜롬비아전과 키토에서 치른 에콰도르전이었다. 이 모든 일을 하면서도 구단과 함께하는 아시아 시장의 행사들에도 소홀함이 없었다. 방콕에서 태국 대표팀과의 경기, 쿠알라룸푸르에서 말레이시아 리그 올스타팀과의 경기였다. 이 경기에서 메시의 피로도가 두드러졌다. 대퇴근 수축으로 어쩔 수 없이 말레이시아 팀과의 경기는 벤치에서 지켜봐야만 했다. 마침내 스페인 휴양지 이비사 섬에 가서, 비치 슬리퍼를 신고 아내, 아들, 파브레가스, 핀투의 가족과 함께 휴식을 취했을 때는 이미 40일 간의 휴가 동안 90,000km를 돈 뒤였다. 2년 전 메시는 같은 기간 동안 이 거리의 절반도 안 되는 이동을 하고도 비행기에서 내릴 때 "지금 몇 시인지 며칠인지도 모르겠다"고 했다. 2013년에는 단 일주일 휴식 이외에는 쉬지 않고 경기를 뛰며 지구 두 바퀴에 해당하는 거리를 비행했다.

  "메시는 특히나 더 가족적인 사람이에요."

  피지컬트레이너 후안호 브라우가 설명했다.

  "그의 삶이 순조로우려면 그가 행복해야만 하죠. 가족은 특히 행복을 주는 존재고요."

그것으로 충분하지 않았나 보다. 메시는 스물다섯의 나이에 본인의 가정을 꾸리게 된다. 집, 아내, 가정이 생겼다. 왼쪽 종아리에 아들의 두 손과 이름을 문신으로 새겨 넣었다. 가족과 함께 있어 행복하기도 했지만, 상당히 지친 상태이기도 했다. 그를 돌봐주었던 축구계 가족들이 산산이 해체된 상태였기 때문이다. 과르디올라는 뉴욕에서 1년을 쉰 후 바이에른뮌헨 감독으로 떠나갔고, 후임자인 빌라노바 감독은 암 때문에 별세했다. 메시가 경험과 천재성을 균형적으로 발휘해야만 할 나이에 바르사에서의 모든 것이 뒤틀어져 버렸다. 구단 회장인 산드로 로셀은 브라질 선수 네이마르와의 계약 과정에서 과도한 금액을 숨기고 탈세를 했다는 의혹을 받아 곧 사임할 참이었다. 후안호 브라우도 메시의 개인적인 피지컬 트레이너 자리를 그만두어야만 했다. 한 가정의 가장이지만, 축구계 아버지들로부터 고아가 된 메시를 더 이상 '벼룩'이라는 별명으로 부르지 않은 지는 한참 되었다.

생물공학 전문가들은 스물다섯 살이면 엘리트 스포츠맨들은 마지막 단계에 접어들기 시작한다고 했다. 사비 에르난데스, 안드레스 이니에스타, 카를로스 푸욜, 다니 알베스 같은 선수들은 전성기를 지나자 예전처럼 빠르지도 않고 부상도 더 잘 입었다. 메시는 속근 섬유가 대부분인 근육 때문에 거의 공간이 없는 곳에서도 빠른 속도로 작전을 전개할 수 있었다. 하지만 스물다섯 살이 되면 이 섬유가, 매년 1% 정도로 쉬지 않고 속도가 느려지게 된다. 자연스러운 과정이라 훈련으로도 되돌릴 수 없다. 신중함은 영리함과 성숙의 표시가 되었고, 성숙하다는 것은 본인의 약점을 자각하게 된다는 뜻이다. 메시는 성숙했지만 여전히 젊거나 불멸할 것처럼 느끼는 사람의 속도로 경기에 임했다. 하지만 그의 문제는 피할 수 없는 근육 시간의 흐름에 있는 것이 아니었다. 과르디올라가 바르사를 떠나자, 피지컬트레이너의 권위도 사라져가고 있었다. 2013년 5월, 아틀레티코마드리드와의 경기 후, 후안호 브라우는 메시의 트레이너로 지내는 날도 끝이 왔다는 사실을 알았다.

비센테 칼데론 경기장의 그 뜨거운 오후, 메시는 부상을 입은 채 경기장에서 나왔다. 자기 팀 10명의 선수와 1대0의 점수를 남겨둔 상태였다. 라커룸에 들어가면서 걸리는 대로 발길질을 하며 목소리를 높였다. 며칠 전에 코치들이 그날은 경기를 뛰지 않는 게 낫겠다고 조언했다. 바르사는 2012~2013 UEFA챔피언스리그 4강에서 바이에른뮌헨에 0대4 패배를 당했다. 부상을 안고 있던 메시는 그 경기에 무리하게 출전하느라 지친 상태였다. 팀은 이미 리그 우승을 확정된 상태였는데, 메시는 아틀레티코 원정에 다시 나섰다가 부상을 입었다. 비센테 칼데론 원정 경기장의 라커룸에서 팀의 기술진이 그를 잘 돌보지 않았다는 말이 나왔다. 메시는 화를 내고 비통해했다.

"시간은 항상 조금씩 소모되고 있고, 나 역시 소모되고 있다."

과르디올라가 바르사의 감독직을 떠날 때 했던 말이다. 그는 또한, 자신이 더 머문다면 선수들과 그가 서로에게 해가 될 거라고도 했다. 스승과 제자들과의 관계가 느슨해졌다. 아르헨티나, 로사리오 출신의 감독 헤라르도 타타 마르티노가 왔기에 계속해서 메시에 대한 애정을 이어갈 거라고 누구나 생각했다. 마르티노가 뉴웰스올드보이스의 선수로 대중들과 작별을 고하던 날, 여덟 살인 메시가 경기장 한 가운데서 리프팅을 뽐내며 관중들을 즐겁게 해주었었다. 하지만 이런 역사적인 인연의 고리도 가장 빠른 선수가 서서히 추락하는 걸 막지는 못했다.

2013년 11월, 메시는 베티스와의 경기에서 부상을 입었고, 아르헨티나 국가대표 테크니컬 팀과 함께 회복을 위해 부에노스아이레스로 날아갔다. 회복에 거의 두 달이 걸릴 터였다. 이번에는 개인 피지컬트레이너가 동행하지 않았다.

부상

아들

소송

나이

2013년, 항상 그를 완전한 존재로 만들어주는 대변인들과 함께 움직여 왔던 메시가 아무도 없이 혼자 남게 되었다. 즉 과르디올라, 빌라노바, 브라우가 없었다. 이제 그를 보호해 줄 사람이 곁에 아무도 없었다. 2006년과 2007년 시즌에만 메시는 꽤 많은 부상을 당했다. 오른쪽 대퇴부 이두근 파열, 다섯째 발등뼈 골절, 왼쪽 대퇴부 이두근 두 번 파열. 또한, 가까이서 그의 영양 섭취, 훈련 일정, 심리 상태를 돌봐줄 후견자들도 없었다. 메시의 삶에서 고아가 되는 분위기가 무르익을 바로 그즈음 부정(父情)이 다가왔다. 역시 대변인의 한 사람이었던 메시의 아버지는, 검사의 말에 따르면 아들을 법정으로 이끈 사기 행위의 주범이었다고 한다.

슈퍼스타의 발언

  말하는 걸 전혀 좋아하지 않았던 메시는 법정에서 하는 말에 신중을 기해야만 했다. 그의 아버지 또한, 진술해야만 했기에 아들보다 1시간 전에 법원에 도착했다. 하지만 두 메시는 서로 만날 수도, 말을 나눌 수도 없었다. 어떤 질문을 받을지도 몰랐고, 답변하는 데 입을 맞출 수도 없었다. 두 사람을 심문할 판사에 관해서도 아무 말 못 했다. 아주 작은 대기실에 두 사람을 따로 놓고 번갈아 오가게 했다.

  축구에 대한 모험 이상으로 두 사람을 하나로 묶은 것은 극복하고자 하는 열망이었다.

  "아버지가 내게 '경기를 잘했구나'라고 말한 적은 거의 없어요."

  메시가 말했다.

  "어렸을 때부터 내가 4골을 넣어도 아버지는 항상 뭔가 잘못을 지적하곤 하셨죠. 이런 점이 다음 경기에서 더 나은 나를 위해 극복하고자 하는 마음을 먹게 했어요."

　뉴웰스의 유소년팀에서 메시는 그 어떤 아이도 깰 수 없었던 기록을 과시했다. 30경기에서 100골 이상을 넣은 것이다. 그의 아버지는 향상만을 생각하는 엄격한 사람이었다.

"우리는 삶에 대한 기대가 있었어요."

　2009년, 로사리오에 있는 사무실 전화로 호르헤 메시가 내게 말했다.

"아니 적어도 나는 그랬어요. 더 나은 미래를 만들 수 있다고요."

　아직 젊었기에 그와 그의 아내 셀리아 쿠치티니는 호주로 가는 운을 시험해보기로 했다. 이후 이 계획이 틀어졌다. 호르헤 메시가 말했다.

"하지만 나는 희망을 품었었죠. 우리는 항상 더 먼 곳을 향해 한 걸음 내디딘다는 생각을 합니다."

　축구는 아버지 메시에게 새로운 기회였다. 그는 제철 공장에서 일하며 1천4백 달러의 월급을 받고 있었다. '완제품 슈퍼바이저'라는 직책에는 사회보장이 포함되어 있었다. 그 당시 FC바르셀로나는 그들이 지향할 머나먼 또 다른 수평선들 가운데 한 곳에 지나지 않았었다. 호르헤 메시가 말해주었다.

"결론은 바르사였어요. 하지만 인테르나 밀란이 될 수도 있었죠."

　바르셀로나로 간 운명은 선택이라기보다 에이전트들과 엮인 우연 덕분이었다.

"바르사행을 준비하고 있었다고는 말 못 하겠군요."

　호르헤 메시가 말했다.

"그렇게 하는 사람은 아무도 없죠. 하지만 나머지 다른 선수들이 어떻게 움직이는지를 보면 알겠지만, 그렇게 복잡한 건 아니에요."

처음의 메시는 지금과 달랐다. 하지만 젊은 나이에도 리오넬 메시는 자신의 이미지를 일등석 항공좌석, 의료 원조, 유행 패션과 맞바꾸었다. 초기 광고 계약 중 하나가 가전제품점이었다.

"작은 계약들이었어요. 5만, 10만 달러 계약들요."

2013년, 부에노스아이레스의 한 바에서 메시의 첫 에이전트이자 회사 동료였던 로돌포 스키노카가 기억을 더듬으며 말해주었다.

"메시가 계약에 관심이 있었나요? 계약서들도 읽었고요?"

"네, 관심 있어 했어요. 프로 커리어의 일부였으니까요. 하지만 협상에 관여하지는 않았어요."

대리인이 말했다.

"변호사들, 나, 가족들의 손에 모두 일임했죠. 그는 축구에만 몰두했어요. 단지 개인 보증에만 서명했어요."

개인 보증이란 광고회사와 맺은 요구사항들을 메시가 이행하겠다고 약속하는 서류다. 메시는 그대로 이행했다. 스키노카 대리인이 벨리스에 그 회사를 세운 장본인이었다. 세금 천국에 말이다.

스키노카도 인정했다.

"우리는 세금을 덜 내려고 했습니다. 다들 그렇게 해요. 합법적이죠. 불법은 그 사실을 알리지 않았다는 것이고요."

몇 년 후, 메시는 가바 법정에 섰다. 바르셀로나 검찰 고소장에 의하면 메시의 아버지가 2005년에 스키노카에게 탈세 조작을 지시했다는 것이다.

그 당시 메시는 미성년자였지만 이미 공식적으로 바르사 1군에 데뷔를 한 스타였다. 그 데뷔 경기에서 메시는 포르투갈 출신의 데쿠와 교체되어 들어가 환상적이며 위대한 첫 동료 호나우지뉴와 8분 동안 같이 포워드로 뛰었다. 스키노카 대리인과 함께 2년간 회사를 유지했으나 2013년 메시가 승소한 사기 사건으로 그 관계는 법정에서 끝이 났다. 스키노카는 메시 어머니에게 아들 주식 대부분을 자신에게 양도하라는 영어 계약서에 사인을 하라고 했고, 셀리아 쿠치티니는 그대로 따랐다. 메시의 이 대리인은 아르헨티나에서 납세를 하기 때문에 탈세 범죄에 대한 진술을 하러 소환되지는 않았다. 메시의 대리인 기간이 법적으로 이미 만료되었기 때문이다. 검찰과 스키노카 본인에 따르면 그와 조세 처리를 맡은 영국 회사는 호르헤 메시의 요구대로 재무 계획에 따라 조작했다는 것이다. 메시는 계속 이 회사를 이용했고 탈세 사기의 시기가 길어졌다.

"우리는 언제나 모든 조세 의무에 주의를 기울여 왔습니다."

메시의 아버지가 한 언론 성명서에서 변론했다. 사업은 컨설턴트의 조언에 따라 행하고 있다고 했다.

2013년, 부에노스아이레스의 한 바에서 스키노카가 빈정거렸다.

"회계사와 변호사를 믿는 사람도 있겠죠. 내가 호르헤 메시였다면 더 나은 조언을 들었을 겁니다. 호르헤 메시가 책임자였다는 생각은 안 합니다."

세상에서 가장 유명한 축구선수가 탈세 혐의로 기소되었다. 벨리스와 우루과이 같은 조세 천국에 세운 기관들에 초상권을 양도한 혐의였다. 헤스프, 라이지허르, 펠레그리노, 로베르토 카를로스, 루이스 엔리케, 피구, 수케르, 히바우두 또는 클루이베르트처럼 바르셀로나와 레알마드리드 같은 구단에서 뛰었던 선수들 역시 탈세로 고소를 당했다. 마라도나는 이탈리아에서 거의 4천만 유로의 탈세 소송을 겪고 있다. 하지만 세계 최고일 뿐만 아니라 어린이용 바닐라 디저트 광고에 그 이름을 팔고 있는 사람이라면 그 어떤 오점도 더 두드러져 보일 것이다.

마라도나가 득점하지 못한 채 연속 세 경기를 뛰던 당시의 TV는 그의 불행을 생중계로 전송하지는 않았다. 십 년 뒤, 호나우두는 케이블 TV를 통해 전 세계에 이름을 떨친 축구의 주인공이었지만, 그래도 메시의 인기에는 미치지 못했었다. 바르사의 슈퍼스타 메시는 전 세계 모든 텔레비전에 일주일에 세 번씩 등장하고 중국의 SNS 웨이보에는 그의 사진이 수시로 올라오며 채팅의 주제가 된다. 카메라 앞에 서서 자세를 취하는 광고 모델의 벌이가 축구 재능으로 버는 것과 맞먹는다.

호마리우가 같은 리그에서 30골로 가장 높이 오른 듯이 보였을 때, 메시는 같은 기간에 FC바르셀로나에서 50골을 기록하며 그 자리를 탈환했다. 독일의 게르트 뮐러가 1972년에 85골을 넣었던 기록은 40년 후 메시가 6골을 추가 득점하며 깼다.

"지루함은 언제나 팬들의 인내심을 위협한다."

부에노스아이레스에서 신문기자 에세키엘 페르난데스 모레스가 한 말이다.

"메시가 경기장에 나서면 그런 기분은 더 이상 존재하지 않는다."

마치 소설이나 광고 시리즈인 양, 오늘날의 축구에는 끊임 없이 볼거리를 제공해야만 한다는 요구가 있다.

호르헤 발다노가 말했다.

"우리는 21세기 축구의 첫 번째 천재와 마주하고 있다. 메시는 하루하루가 86년도의 마라도나다. 하지만 우리는 가장 최근에 일어난 일만 따지는 데 익숙하다. 실제로는 메시의 경력에서 정점의 시작에 있는 이때가 마치 은퇴의 경계선에 서 있는 것만 같다."

우리는 '좋아요'만 수집하는 페이스북 중독자의 유별난 초조함으로 그의 골을 기다리는 버릇이 들고 말았다.

메시는 디지털 TV의 속도에 맞춰 성장했다. 카타르에서 개최한 아르헨티나와 브라질의 친선 경기 하프타임에 한 코치가 들은 말이다.

"내가 경기에 뛰기를 원하면 건전지를 넣어."

그의 팀 동료 곤살로 이과인이 메시가 옆으로 가는 걸 모르고 골문으로 슛을 쏘자 메시가 비난했다. 마라도나가 메시에게 주장 완장을 채웠던 2010년 남아공 월드컵 라커룸에서 팀의 분위기를 띄우는 데 별 말이 없었던 그를 생각하면 낯선 반응이었다. 온갖 기록을 다 세운 이 스트라이커는 기록적인 시간 안에서 자신의 내성적인 성격마저 바꾼 것이다. 2013년 네이마르가 바르사의 유망주로 왔을 때 메시에 대한 칭찬을 아끼지 않고 늘어놓자, 그에게 이렇게 대꾸했다.

"나에 대한 말은 줄이고 바보짓도 하지 말고, 그냥 우승하러 왔다고 하라고."

바르사의 유소년팀 칸테라의 몇몇 선수들은 경기에 뛸 기회가 왔는데 잘못하면 메시가 눈물을 쏙 빼게 했다고도 했다. 티토 빌라노바 감독은 언론이 메시를 작은 독재자라고 부르자 일찌감치 그를 옹호했다.

"메시는 내가 아는 모든 독재적인 리더들 중 가장 덜 독재적이다."

메시는 그에게만 지원했던 후원금을 같이 경기를 뛴 국가대표팀 동료들과 나누었으며, 대표팀의 알레한드로 사베야 감독 아래서 2012년, 일 년 동안 12골을 넣어 가브리엘 바티스투타의 기록과 나란히했다. 브라질 월드컵으로 가는 길에서 메시가 주장인 아르헨티나 대표팀은 어느 팀보다 먼저 본선 진출을 확정지었다.

메시는 우리로 하여금 미래를 지배하는 것이 가능하다는 꿈을 꾸게 한다. 심지어는 그를 둘러싼 주변 사람들도 그런 꿈을 꿀 수 있게 한다.

"만일 어떤 프로젝트와 직면한다면 모든 걸 컨트롤해야만 합니다."

2009년, 호르헤 메시가 말했다.

"리오넬 메시 재단에 대해 사람들은 탈세가 목적이라고 생각할 수도 있지만, 그렇지 않습니다. 메시가 하는 일이라면 그게 좋은 일이든 나쁜 일이든 뭐든 모든 사람들이 다들 지켜보고 있잖습니까. 현재 모든 일이 다 순조롭게 통제 하에 있습니다."

메시의 아버지는 바르셀로나 세무서와 스페인 경찰이 어느 정도까지 그들을 주시하고 있었는지는 몰랐다. 메시는 그의 이름을 내세운 브랜드의 이미지이고 그 컨트롤은 아버지가 한다. 호르헤 메시가 경기장 밖에서 아들의 이미지를 이용하여 어떻게 더 많은 이익을 낼 수 있을까 생각하기 시작했을 때 리오넬 메시는 16살이었다. 그 당시 메시는 바르사의 동료들과 함께 소아암 아동들을 방문하기 위해 휴스턴으로 가는 여정에 있었다. 이 방문에서 그는 커다란 감정적인 충격을 겪었고, 그 상황에서 벗어나야만 했다. 메시가 성장호르몬 결핍을 겪은 지 몇 년 후, 아버지는 레오 메시 재단을 설립했다. 그때부터 어린이들과 관련된 청년의 이미지를 관리해왔다. 상업적 권리를 처리하기 위해 호르헤 메시는 레오 메시 매니지먼트 회사를 차렸다. 경찰에 따르면 현재, 자선 경기에서 벌어진 돈세탁 사건에 콜롬비아 '마약 밀거래'가 연루되어 있을 거라고 한다. 마약 거래상들이 기부하는 척했다가 나중에 세탁된 돈으로 되찾아 가는 것이다. 메시 부자는 무혐의처리 되었지만, 재단과 함께 일하는 기관 중 한 곳이 이 사기극에 연루되어 있었다. 기부는 자비로운 행위지만 세금을 내는 것은 시민의 의무이다. 메시는 전 세계에서 열 번째로 가장 많이 버는 스포츠 선수로 25명의 근로자가 40년 동안 지급하는 것과 같은 금액의 세금을 내야만 했다. 경제적인 것 이외에도 그는 도덕적인 형을 받은 셈이다. 그의 팬들이 모든 것을 용서하는 한편, 가바 법정의 직원들은 그를 익명의 개인으로 대하려고 노력했다.

 한 직원이 법정 대기실 문을 열고 그의 이름을 불렀다. 리오넬 안드레스 메시. 축구의 슈퍼스타가 신분증으로 본인을 확인했다. 가바 법정에서 모든 직원은 어떻게 행동해야 할지 엄격한 지시를 받았다. 메시와 그의 아버지, 두 사람만이 그날 아침 심문을 받을 예정이었다. 두 사람이 도착하기 전, 수석판사는 다른 모든 납세자 사건을 보류하고, 참여 인력도 최소한으로 축소하기로 했다. 또한, 아무도 메시에게 사인을 요구하지 말라는 명령을 내렸다. 부하 직원들이 마치 축구 광팬처럼 행동하는 것을 피하고 싶었다. 하지만 심문실을 나설 때 메시의 눈앞에 한 여직원이 볼펜과 종이를 건네는 모습을 보았다. 그녀에 이어 다섯 명의 직원이 뒤를 따랐다.

모두가 등번호 10번 선수의 사인을 원했다. 리오넬 메시가 카탈루냐의 특징인 본질적인 이중성의 균형을 깼다. 바로 이성과 광기, 분별과 흥분, 신중과 격분이다. 이 균형은 예를 들어 가우디의 건축을 거주할 수 있는 광기로, 페란 아드리아의 요리를 영양가 있는 망상으로 만들었다. 형사 법정에 열정이 간섭하는 일은 용인되지 않는다. 메시가 승리를 거둔-그리고 결코 그가 떠나지 않을 거라고 말하는 곳인- FC바르셀로나에서 감상주의와 냉정한 계산이 공존하기는 하지만, 섞이지는 않는다.

캄노우의 박물관을 방문하는 사람은 이 구단에는 과거의 영웅들에게 이별을 고하는 관례가 없다는 사실을 확인할 수 있다. 스타들에게 헌정하는 동상들이 없다. 단 하나의 예외가 있다. 바로 50년대의 전설적인 미드필더, 쿠발라 라슬로였다. 경기장 문 입구에 그의 동상이 세워져 있다. FC바르셀로나는 동시대 선수 한 명을 팀 이상으로 부각하지 않는다는 정책이 있다. 호나우지뉴, 호마리우, 그리고 마라도나와 크루이프도 아무 훈장이 없다. 메시 역시 없을 것이다. 축구는 미래로 살아가는 것이다. 흉상으로 기념하는 향수는 이를 망칠 뿐이다. '클럽 이상의 클럽'이라는 모토 아래 모두가 하나이고 하나가 모두다. 즉 이성은 구단이 책임지고, 광기는 팬들의 몫인 셈이다.

그날 아침, 가바 법정 앞에 바르셀로나 유니폼을 입은 백발의 한 남자가 메시의 면책특권을 변호하며 이렇게 외쳤다.

"메시가 돈을 훔쳤든 아니든 상관없다. 나는 바르사의 팬이다."

담배를 피우는 한 여자가 책임을 전가했다.

"폼 잡고 싶어 하는 사람들은 여기도 많다. 메시도 마찬가지다. 어렸을 때 돈이 없었기에 돈이 없으면 사람이 어떤지를 잘 안다. 본인이 겪어봤기 때문이다."

단지 한 다섯 명 정도만이 화가 난 채로 항의하는 포스터를 들고 있었다.

"메시, 내게 집을 한 채 사줘라!"

부동산 투기에 화난 사람보다 메시에게 화내는 사람이 적었다. 경찰은 노란색 안전 바리케이드를 쳐 건물로의 접근을 차단했다.

사회학자들은 골을 넣은 뒤 중요한 점으로 관중 수가 늘어난다고 주장한다. 브리티시 메디컬 저널의 한 기사에 따르면 말레사 시의 알타이아 병원 과학자들이 골이 출생률에 영향을 준다는 사실을 증명했다. 스템포드 브릿지에서 첼시를 상대로 안드레스 이니에스타가 골을 넣은 지 9개월 후, 카탈루냐의 출생 지수가 16% 증가했다. 메시와 그 애인의 첫 아들인 티아고 메시는 2012년 11월에 태어났다. 아버지 메시가 취리히에서 3년 연속으로 발롱도르를 수상한 지 9개월 후다. 자식과 골은 종족의 지속성을 확고히 한다. 삶을 자극하는 또 하나의 동기인 셈이다.

불과 몇 년 전에야 처음으로 디즈니랜드를 방문했던 앳된 분위기의 축구 선수를 법정에 마주선 그날 아침, 미키마우스 여자 친구 사진이 있는 케이스의 휴대전화 카메라를 들고 기다리는 청년이 있었다. 멕시코 월드컵에서 마라도나가 골을 넣었던 그 손은 신성시되어 추종자들이 후에 아르헨티나에 마라도나 교회를 세우기도 했었다. 메시 또한, 바르셀로나 고딕 지역의 한 모퉁이에 이웃들이 그의 이름을 붙인 제단이 있다. 그곳에는 황금색 액자의 사진과 바르사, 아르헨티나, 카탈루냐를 상징하는 색깔들의 리본이 있다. 추종자들은 헌신이 시들지 않았음을 알리려고 꽃을 바친다.

축구와는 별개로, 메시는 평범한 사람의 이미지와 겸손함을 전달한다. 메시가 당신일 수도 있다는, 손에 닿는 희망을.

2013년 밤, 발롱도르 수상 후보로 취리히에 도착했을 때 한 기자가 옷을 왜 그렇게 입었느냐는 질문을 했다. 메시는 흰 물방울무늬의 검은색 비단 턱시도를 입었다. 언젠가 마라도나도 비슷한 정장을 입은 적이 있었다. 우리는 끼꼬(역주-멕시코 TV시리즈물의 인물로 뱃사람 복장을 하고 있다), 산타클로스, 더 오래 전에는 달팽이 분장을 한 메시를 잡지에서 본 적도 있다. 파티와 분장은 자신을 3인칭으로 말할 기회를 준다. 마라도나의 물방울무늬 정장은 그의 기이함을 더 부각시킬 뿐이었다. 하지만 메시처럼 조용한 성격의 사람이 돌체앤 가바나의 흰 물방울무늬 턱시도를 입는다는 것은, 스포트라이트 앞에서 대담해지려는 소심한 사람의 순간적인 기지 때문은 아닐 것이다. 우리는 누구나 결혼식장이나 시상식 자리에서는 다르게 옷을 입는다. 메시도 이탈리아 후원사의 좀 더 점잖은 스타일의 옷을 입을 수도 있었다. 그런데 많은 축구 선수들 가운데서도 가장 보수적인 사람이 올해 최고의 선수상을 수상하는 자리에서 가장 이상한 정장을 선택한 것이다. 턱시도 질문을 한 기자에게 그는 약간의 변화를 주려고 그렇게 입었다고만 했다.

그런 옷차림은 그게 끝이 아니었다. 1년 후, 2014년, 메시는 수상하지 못하리라는 사실을 누구보다 잘 알면서도 취리히에 모습을 나타냈다. 두 번의 부상으로 축구와 거리를 두었기 때문이다. 메시의 아버지도 객석 두 번째 줄에 아내와 함께 앉아 있었다. 상은 레알마드리드의 공격수, 크리스티아누 호날두가 차지했다. 하지만 번쩍이는 자주색 정장을 입은 메시도 몰려드는 팬들과 함께 시상식장에 있었다. 팬들 가운데는 위대한 라이벌이자 수상자인 크리스티아누 호날두의 어머니, 마리아 돌로레스 두스 산투스 아베이루도 있었는데, 그녀는 딸들과 함께 메시에게 다가왔다. 마치 일개 팬처럼 행동했다.

현재 호르헤 발다노는 알렉스 데 라 이글레시아 감독이 찍는 메시의 생애 다큐멘터리 영화의 시나리오 작가이다. 그가 이렇게 말했었다.

"나처럼 레알마드리드와 무척이나 밀접한 사람이 메시의 인생 이야기를 하는 프로젝트에 관여한다는 것이 이상하게 들릴 수도 있다. 하지만 우리 두 사람이 같은 나라 출신이며 같은 구단에서 뛰었다는 사실을 상기한다면 그렇게까지 이상할 것도 없다. 게다가 나는 축구를 좋아한다. 축구를 좋아하는 사람이라면 메시를 좋아하지 않을 수 없다."

발다노는 레알마드리드의 팬들에게 이런 식의 변명을 구했다. 하지만 크리스티아누 호날두의 어머니와 누나들은 누구에게도 변명할 필요가 없었고, 취리히에서의 수상식 날 밤, 메시와 사진을 찍었다. 탈세 범죄를 저질렀다는 혐의로 법정에 들어서는 메시 같은 우상을 대중은 덜 엄격한 시선으로, 그리고 판사들은 어쩔 수 없이 더 엄격하게 바라볼 수밖에 없다.

판사의 주의 깊은 시선 아래, 메시는 질문에 답변했고, 30분 후 자리에서 일어나 나갔다. 밖에서는 그의 손을 잡고 싶어 하는 팬들이 기다리고 있었다.

"그가 의무를 다하길 바랍니다. 하지만 사람들이 뭐라고 하는지는 신경 쓰지 말았으면 좋겠어요. 계속 전진하길!"

법정 문 앞에서 사춘기 딸과 함께 있는 아주머니가 한 말이다.

11살 소년은 친구들에게 메시가 손을 잡아줬다는 말을 하려고 손을 높이 든 채로 오고 있었다. 그 아이들은 학교도 결석하고 메시에게 자신들이 다니는 가바의 학교로 아들을 보내라고 부탁하고 싶어 했다. 메시 앞에서 일할 생각을 하는 사람은 아무도 없었다. 우상 앞에서 알짱대는 것을 금지당한 법원 직원들도 판사의 명령 불복종으로 징계를 받을 수도 있었건만 결국에는 모두가 사인을 받았다. 축구팬들만 메시가 천재 소년으로 계속 남아 있기를 바라는 건 아니다. 법원 앞에 모인 어른들은 아이들을 데려온 변명을 대며 그렇게 모여 있었다.

메시는 시간을 멈춰 세웠다. 피고석에서 그가 말했다.

"돈에 관해서는 우리 아버지가 책임지고 있어요."

그의 아버지, 호르헤 메시도 모든 책임을 지겠다고 이미 밝혔다. 그는 세무당국에 1천5백만 유로를 냈다. 3년간의 세금으로 요구되는 4백1십만 유로에, 메시의 회사들이 탈세 시스템을 사용하여 쭉 처리해 왔던 3년간(2010~2012년)의 채무를 더한 것이다. 메시에게 붙여진 순진한 청년의 아우라는 팬들에게 그대로 남아 있게 되었다.

오랜 공방 끝에 2017년 5월 25일 스페인 대법원은 메시와 그의 아버지 호르헤 메시에 대해 각각 징역 21개월과 15개월의 형을 확정했다. 그러나 메시가 형을 실제로 살지는 않았다. 스페인에서 24개월 미만 징역형의 초범은 그 집행이 유예되기 때문이다. 2017년 7월 메시는 21개월 징역 혁 대신 25만 25만2000유로의 벌금형으로 대처하는 판결을 받았다. 징역 15개월을 선고받았던 메시 아버지 호르헤 메시에게도 18만 유로 벌금형이 내려졌다.

리오넬 메시의 일대기를 담은 영화 「메시」

좌절

　아르헨티나 대표팀의 메시는 3년 동안 세 번 연속 결승전에서 좌절을 맛봤다. 2014년 월드컵과 2015년, 2016년의 코파아메리카가 그 무대였다. U20팀, 올림픽팀, 바르셀로나에서 우승을 맛본 적은 있지만, 유독 국가대표팀에선 트로피를 들어 올리지 못했다. 이 때문에 메시는 자국 언론의 비판을 받는 일이 잦았다. 2015년과 2016년에 연이어 열린 코파아메리카에서 아르헨티나는 결승전에서 두 번 모두 칠레에 져서 우승을 놓쳤다. 비난이 엄청났고, 메시는 잠시였지만 2016년에 국가대표팀 자격을 포기하기도 했다. 메시는 부당하다고 생각했다.

　"내가 절망에 빠진 건 사실입니다. 나를 겁쟁이, 사기꾼, 위선자. 당신들이 원하는 그 무엇이라고 불러도 좋습니다. 그러나 누구도 나 리오넬 메시로 살아가는 압박감은 모를 겁니다. 내 말이 오만하게 들릴지도 모르겠습니다. 그렇지만, 나는 누구도 나와 같은 상황에 놓이지 않았으면 좋겠어요. 나의 모든 플레이가 매번 골로 이어질 수는 없습니다. 이 압박감이 내게는 마치 고문과 같아요.

나는 맹세합니다. 아르헨티나가 우승해서 우리 국민을 행복하게만 할 수 있다면 그 어떤 기록과도 바꿀 겁니다. 내가 어떤 유니폼을 입고 있든 나의 심장은 언제나 알비셀레스테(아르헨티나 대표팀 별명)의 것이기 때문이에요."

메시는 2014년 월드컵 결승전에서 독일에 진 일이 큰 상처로 남았고, 여전히 아물지 않았다고 말했다.

"월드컵 우승이 얼마나 어려운 일인지 우리는 압니다. 우리는 그 꿈을 거의 이룰 뻔했어요. 축구는 경이로운 일들로 가득합니다. 최고의 팀이 매번 이기는 건 아니에요. 나는 그 사실을 받아들이는 법을 배웠어요. 아르헨티나가 2014년 월드컵을 차지할 자격이 있다고 생각했습니다. 그래

서 충격이 크고 고통스러웠죠. 우리 팀은 어려운 고비를 잘 넘겼지만, 마지막 순간에 작은 문제 때문에 마침표를 찍지 못했어요.

월드컵을 들어 올리는 장면을 늘 꿈꿉니다. 월드컵이 다가올 때마다 그 감정이 강해져요. 전 세계 많은 사람이 아르헨티나가 월드컵에서 우승하길 바라고 있으니까요."

메시는 2018년 러시아 월드컵을 앞두고 이렇게 말했다.

"결과보다 중요한 것들이 많습니다. 우리는 모든 경기에서 이기고 챔피언이 되기를 바랍니다. 그건 쉬운 일이 아니에요. 경기는 늘 예측할 수 없으니까요. 최고라도 늘 이기진 못해요. 난 그런 세계에서 살아왔어요.

내가 플레이를 잘했는지 못했는지는 골과 상관이 없습니다. 활발히 뛰면서 공을 소유하고 적절한 판단을 내리는 것이 중요하지 골이 전부는 아니에요. 골을 넣었다는 것이 좋은 플레이를 했음을 의미하지는 않습니다. 내가 골을 넣었지만, 잘하지 못한 경기가 있어요. 하지만 골은 모든 것을 덮어버리죠.

나이가 들면서 피치 위에서 많은 것을 배워요. 예전에는 공을 받으면 무조건 드리블이나 슛으로 연결하려고 했어요. 지금은 팀에 도움이 될 수 있도록 움직입니다. 가령 내가 마무리하기보다 동료들이 더 좋은 기회를 잡도록 하지요. 덜 '자기중심적'이 되려고 노력해요."

"상대 팀에게 당신의 발을 예의주시할 이유를 만들어라."

부활

 2013년, 우상은 최악의 시즌을 보냈다. 하지만 두 달간의 부상 공백 후 캄노우로 돌아왔고, 헤타페와의 지루한 경기에서 3분 만에 2골을 넣었다. 마지막 골은 종료 휘슬과 함께였다. 다음 경기에서도 경이로운 세 번의 패스를 선보였다.
 "메시는 적의 균형을 잃게 하는 것보다 자기 팀의 균형을 맞추는 데 더 관심 있어 보인다."
 「엘 파이스」지의 라몬 베사 기자가 이렇게 썼다. 이제 기자들은 저물어가는 천재가 아니라 그의 부활에 관해 이야기했다.
 바르사는 메시의 연봉을 2천만 유로 더 올려주었고, 경기장 안의 메시는 경기장 밖에서보다 더 헌신적이고 이해심 많은 아버지의 모습을 닮아가고 있었다. 2월의 어느 토요일, 발렌시아전에서 동점을 만들 수도 있었던 페널티킥을 실축했다. 하지만 그는 예전에 종종 그랬듯이 화를 내지도 않았고, 분해서 울지도 않았다.

"발렌시아전 패배는 우리를 더 강하게 만들 것이다"라고 밝혔다. 충동적인 스트라이커가 인내심 많은 아버지의 모습을 보이기 시작한 것이다.

가바 법원을 떠날 때 리오넬 메시는 운전기사와 함께 서둘러 차에 탔다. 그의 미소 뒤에는 잘못도 가책도 없었다. 혹시나 그가 빚을 진 것 같은 느낌을 받았다면, 그것은 아르헨티나에, 그리고 모든 사람이 그에게 거는 기대에 대한 것이다. 즉, 조국을 월드컵 우승으로 이끄는 것 말이다. 단 한 번도 월드컵 우승컵을 들어 올리지 못했던 천재 선수들이 있다. 디스테파노, 크루이프, 그리고 최근 들어서는 메시가 미완성 천재의 상징이 되었다. 위대한 축구 경기들은 집단 서사시가 되며 평범한 대중들에게 일상의 패배를 잊기 위해 자주 되새기는 추억이 된다. 리오넬 메시에 대해 어쩌면 우리는 그의 천재적인 골과 유아스러운 행동, 그 이상의 것을 기억하게 될 것이다.

메시는 아버지가 된 이후, 자기 아들의 인생에 영향을 줄 수 있는 결정들에 대해 생각이 변하고 있다. 그는 여느 부모들처럼 실수하지 않을까 두려워하고 있다. 이러한 걱정들이 그를 성숙하게 하는 데 도움을 줬다. 축구에서도 마찬가지다. 특히 2014년 7월, 브라질 월드컵 결승전에서 패배한 이후에 메시는 이렇게 말했다.

"제가 다시 세계 최고의 선수가 되려면 무엇을 해야 하나요?"

지난 몇 년간 세계 최정상에 선 사람의 입에서 나온 말이라고는 믿을 수 없는 질문이었다. 메시와 상담했던 이탈리아 스포츠 의사 줄리아노 포

저는 그의 물음에 이렇게 답했다

"더 발전하기 위해선, 당신의 습관들을 바꿔야 합니다."

이 말은 메시가 처음 들은 말이 아니다.

2008년 과르디올라가 FC바르셀로나의 감독으로 부임했을 때, 그는 메시가 좋아했던 콜라, 아이스크림, 사탕을 끊게 했다. 6년 후, 그의 다이어트는 새로운 국면을 맞이했다. 메시는 그의 몸이 필요로 하는 것만 먹었다.

"옛날엔 제 식습관이 정말 나빴어요. 초콜릿과 탄산음료 등 지난 몇 년 동안 몸에 좋지 않은 것을 먹었죠. 그런 것들 때문에 경기 도중 토하는 증세가 생겼습니다. 식습관를 바꾸고 나서 아프거나 토하는 증세가 사라졌어요. 지금은 그런 음식들을 끊고 생선과 고기, 샐러드 등 체계적인 식단으로 관리받으면서 몸이 좋아졌습니다."

그 결과 9개월 동안 5kg을 감량했고, 더 강해졌고, 더 빨라졌고, 더 폭발력이 생겼다. 메시는 물리치료사 후안호 브라우와 함께하던 시절보다 몸 상태가 좋아졌다. 메시는 2014~2015시즌, FC바르셀로나의 물리치료사 라파엘 폴의 관리를 받았다. 그의 몸은 육상 선수의 탄력을 갖춰갔다.

부상에 대한 두려움 없이, 그리고 그의 몸이 경기장 위에서 그를 도와준다는 확신과 함께, 메시는 본연의 모습을 되찾았다. 2014~2015시즌, 메시는 프리메라리가와 챔피언스리그에서 경이적인 득점 행진을 이어갔다. 매 순간 어느 위치에 가야 하는지, 어떻게 관여해야 하는지, 언제 팀 동료들을 도울 것인지 그는 오케스트라를 지휘하듯 다양한 방법을 시도했다.

메시는 수아레스, 네이마르와 같은 훌륭한 공격수들과 함께 멋진 그림을 만들었다. 이는 에투와 이브라히모비치가 있을 때도 불가능했던 것들이다. 메시, 수아레스, 네이마르 이 남미의 세 선수가 서로가 서로에게 패스하고, 골을 주고받았다.

2015년 6월 6일 바르셀로나는 유벤투스를 3-1로 꺾고 UEFA챔피언스리그를 제패했다. 메시에겐 4번째 챔피언스리그 우승이었다.

"준결승에서 바이에른뮌헨을 상대로 3-0으로 이겨서 기뻤어요. 게임 내용도 아주 좋았죠. 제대로 실감한 것은 경기 후 SNS를 봤을 때입니다. 댓글을 읽고 경기 영상도 다시 봤어요. 경기할 때는 의식하지 못했던 것들을 알 수 있었죠. 어떤 수비수를 만나든 똑같지만, 제롬 보아텡과 붙었을 때 어떻게든 그를 제치고 골문으로 공을 가져가려고 했습니다.

루이스 엔리케 감독은 대단한 지휘관이에요. 어려운 경기에서 이기려면 어떻게 해야 할지 잘 알고 있었습니다. 그날도 감독 덕에 팀 분위기가 좋았고 그래서 침착하게 경기에 집중할 수 있었어요. 결승에서 유벤투스를 이기고 트로피를 들어 올리는 순간엔 온몸이 떨렸죠. 그 행복감은 무엇과도 바꿀 수 없었습니다. 너무 기뻐서 현실이 아니라 꿈을 꾸는 것 같았어요. 아주 터프한 대회였죠. 아무리 팀의 기세가 좋아도 한 번 실수하면 모든 것이 끝나버리기 때문에 우리는 최후의 최후까지 집중했어요."

2017년 4월 23일 메시는 바르사 입단 이후 자신의 500번째 골을 터뜨렸다. 그것도 숙적 레알마드리드를 상대로 한 경기였다.

"그야말로 완벽한 밤이었어요. 모든 것이 원하는 대로 되었죠. 바르셀로나 시민들이 한마음이 된 감동적인 순간이었습니다. 산티아고 베르나

베우에서 레알마드리드를 상대로 두 골이나 넣었어요. 그중 한 골이 종료 직전 결승 골이었고, 바르셀로나에서 내가 넣은 500번째 골이었어요!

이보다 더 기쁠 수는 없었습니다. 만약 내가 그 기회에서 골을 못 넣었다면 우승 가능성은 사라졌겠죠. 팀의 희망을 살린 한 방이었고 우린 이 길만해서 이겼어요.

호르디 알바가 측면에서 공을 받는 걸 봤어요. 그와 나는 서로의 움직임을 완벽하게 이해합니다. 알바가 공격에 가담한 순간, 나는 페널티에어리어까지 올라갔고, 그의 패스를 받아 골을 넣었어요. 연습과 실전에서 그런 식으로 골을 많이 넣어봤기에 나는 어디로 움직일지 바로 결정할 수 있었습니다.

경기 후 루이스 엔리케 감독이 나를 역사상 최고의 선수라고 칭찬해줬어요. 그가 우리 팀 감독으로 오기 전, 우리는 무관으로 시즌을 마쳐서 슬픔에 빠져 있었습니다. 엔리케 감독이 와서 마음을 다잡아주었죠. 그에게 정말 감사해요."

네이마르가 팀을 떠난 뒤, 바르셀로나에는 위기감이 감돌았으나 그가 떠난 다음 시즌에도 바르셀로나는 리그 우승을 차지했다. 메시는 지난 시즌에 이어 2017-2018시즌에도 34골로 프리메라리가 득점왕에 올랐다.

어려움도 많았지만, 확실한 건 축구를 하는 한, 메시는 행복하다는 사실이다.

MESSI
Copyright © 2011, by Leonardo Faccio
All rights reserved.

No part of this book may be used or reproduced in any manner
whatsoever without written permission except in the case of brief quotations
embodied in critical articles or reviews.

Korean Translation Copyright © 2015 by GRIJOA FC
Korean edition is published by arrangement with Casanovas & Lynch Agencia Literaria S.L.,
through Imprima Korea Agency

이 책의 한국어판 저작권은 Imprima Korea Agency를 통해
Casanovas & Lynch Agencia Literaria S.L.,와의 독점 계약으로 그리조아FC에 있습니다.
저작권법에 의해 한국 내에서 보호를 받는 저작물이므로 무단전재와 복제를 금합니다.

메시 소년에서 전설로

펴낸날 | 초판 1쇄 2015년 6월 6일
　　　　초판 3쇄 2018년 6월 6일
지은이 | 레오나르도 파치오
옮긴이 | 고인경, 편집부
펴낸이 | 김연한
펴낸곳 | **GRI.JOA**FC(그리조아FC) ※GRIJOA FC는 GRIJOA의 축구책 전문 브랜드입니다.

엮은이 | 편집부
디자인 | 김해연
사　진 | 연합뉴스, Tiago Cata, Juanedc, Leandro Neumann Ciuffo, Rasta Ruud, Nacho,
　　　　Christopher Johnson, Jackie.lck, M_Miquel C.2, Enric.lamarca.rizo, Juanedc, L.F.Salas
주　소 | 인천시 계양구 당미5길 7 우남 푸르미아 102-501
전　화 | 032-545-9844
팩　스 | 070-8824-9844
이메일 | grijoafc@naver.com
웹사이트 | www.grijoa.com
페이스북 | www.facebook.com/soccerjoa
출판등록 | 2013년 9월 4일 제 25100-2012-000005호

한국어판ⓒ그리조아FC, 2015, Printed in Korea.
ISBN 979-11-951144-6-7

* 이 책은 저작권법에 따라 보호받는 저작물이므로 무단 전재와 무단 복제를 금합니다.
* 이 책의 일부 글꼴은 아모레퍼시픽의 아리따글꼴을 사용하여 디자인되었습니다.
* 책값은 뒤표지에 있습니다.
* 파본은 구입하신 곳에서 바꾸어 드립니다.

이 도서의 국립중앙도서관 출판예정도서목록(CIP)은 서지정보유통지원시스템 홈페이지(http://seoji.nl.go.kr)와
국가자료공동목록시스템(http://www.nl.go.kr/kolisnet)에서 이용하실 수 있습니다.(CIP제어번호: CIP2015012917)

"메시의 위대함을 저평가할 수 없다. 그는 세계 최고의 선수다. 어쩌면 그전까지 내 인생에서 단 한 번도 본 적이 없는 위대한 선수일지도 모른다."

마크 로렌슨(리버풀 전설)

"가슴 앞에 있는 엠블럼을 위해 뛰면
등 뒤에 있는 이름이 기억될 것이다."